왜

이대남은

반페미가

되었나

CONTENTS

INTRO

왜

ALTERNATIVE MOOK MAGAZINE
ISSUE NO.1 / MAR. 2022

이대남은 ── 반페미가 되었나

여는 글

이대남의
정치적
주체화에
경의를
표하며

외면하고 싶든 아니든 '이대남 신드롬'은 피할 수 없는 현상이다. 그들은 현 정부의 지난 5년을 '페미정부 5년'으로 기억한다. 이러한 집단적 기억 속에서 문재인 정부 인사들의 페미니즘 기조와 젠더 갈등은 교육·부동산·일자리 정책과 더불어 문재인 정부의 공과를 평가하는 데 있어 빼놓을 수 없는 요소가 되었다. 그 페미니즘 기조라는 것이 페미니즘 정책을 바라던 이들의 관점에서 실질적이었든, 립서비스로 여겨졌든 관계없이 말이다.

2015~2016년부터 본격화된 메갈리아·워마드 이슈화 때부터 사회적 갈등의 불씨는 잠복해 있었다. 2016년 강남역 살인 사건을 '여혐 범죄'로 규정한 래디컬 페미니즘 프레임에 온 언론이 나서 대대적으로 동조하면서 갈등은 크게 불거졌다. 다만 당시에는 갈등의 불길이 계속 이어지지는 않았다. 적어도 남녀 모두에게 차별 없이 대하는 중성국가(中性國家)의 외양은 유지되고 있었다.

하지만 정권이 바뀌자 집권 초반 여가부 장관이라는 사람은 '여성할당제 덕에 장관됐다'고 자랑하고 다니고, 여성가족부는 여성 아이돌 복장에 대한 가이드라인 따위나 제작하면서 불만 스택이 쌓이기 시작했다. 급기야는 홍익대 누드크로키 도촬 사건에서 워마드 회원이었던 몰카 범죄자를 처벌하지 말라는 2018년 혜화역 워마드 시위가 일어나자 여가부·행안부 장관이라는 사람들이 이들의 '2차 가해' 행위를 공개적으로 두둔하고 나섰다.

'내가 부당하게 공격당하더라도 이 정부는 나의 편을 들지 않을 것'이 명확해진 그 순간부터 불만이 걷잡을 수 없이 폭발했고 젊은 남성들이 지지 세력에서 급격히 이탈하기 시작했다. 여론 조사상의 여러 지표에서 이대남 현상이 나타나기 시작한 것은 정확히 이때인 2018년 말이다. 집권 초 80%가 넘던 이대남 지지율은 곤두박질치기 시작했고 그때부터 반페미니즘이 이대남 사이에서 하나의 '이념' 내지는 '정체성'으로 굳어지게 되었다. 메갈리아·워마드 사태 이후 페미니즘 운동 세력이 저지른 여러 실책 때문에 페미니즘에 대한 반감은 모든 연령대로 확산됐다.

적어도 여론의 진앙지가 20대 남성이라는 것은 부정할 수 없는 사실이다.

이러한 일련의 사태 진행을 보면 '매를 벌었다'는 말이 절로 나올 수밖에 없다. 이대남 현상이 격화되고 있는 와중에도 정부·여권 인사들은 정신을 차리기는커녕 하루가 멀다 하고 청년 세대 특히 젊은 남성을 가르치려 들거나 비하하는 '망언'들을 이어 나갔다. 이제는 그들이야말로 '이대남도 이대녀만큼이나 민감한 감수성을

1. 한국일보(2021.06)에 따르면 '페미니즘·페미니스트에 거부감이 든다'는 응답비율에서 30대 남성은 73.7%, 40대 남성은 65.9%를 기록.

지닌 주권자'라는 정신교육이 필요하다.

> " 자기들은 축구도 봐야 하는데 여자들은 축구도 안 보지. 자기들은 롤도 해야 하는데 여자들은 롤도 안 하고 공부만 하지. 모든 면에서 우리가 불리해(라고 생각하는 것)." | 유시민, 작가

> " 남혐(남성 혐오)은 단어 자체가 존재할 수 없는 개념입니다. 아직까지 우리 사회에서 여성은 약자이기 때문입니다." | 나윤경, 양성평등교육진흥원장

> " 야동 사이트 폐쇄와 관련해 별별 억측들이 나돌고 이를 '정치문제화'하려는 사람도 많은데, 이런 것도 일종의 '변태적 민감성'." | 전우용, 역사학자; https 검열 문제 제기를 비하하며

> " 왜 20대가 가장 보수적이냐. 거의 60~70년대 박정희 시대를 방불케 하는 반공 교육으로 그 아이들에게 적대감을 심어준 것." | 홍익표, 의원

> " 이런 발언(오세훈 지지)을 하시는 분들은 제 짐작으로는, '실망당한 문지지자'라기보다는 본래 극우 쪽에 섰던 분들인 것 같다." | 박노자, 교수

한편으로 놀라운 사실 하나는 반(反)페미가 된 20대 남성들은 여전히 전 세대 어떤 남성들에 비해서도 성평등 의식이 강하고 가부장제에 대한 반감이 강하다는 점이다. 박선경(2020)의 연구, 「젠더 내 세대격차인가, 세대 내 젠더격차인가?」에 따르면 청년 남성들은 청년 여성 못지않게 전통적 성역할에 반대할 뿐 아니라 가부장적 문화에 대해서는 청년 여성보다 더 부정적인 태도를 나타냈다. 이것은 이대남·이대녀를 다룬 다수의 연구에서 공통적으로 지적하는 사실이다. 성평등한 가족관에 대한 청년 남성들의 지지세 또한 그 어느 때보다 높다. 통계청의 「사회조사」에서 '가사 분담에 대한 견해'를 물을 때 2008년 당시만 해도 20대 남성의 44%만이 '부부가 공평하게 분담'해야 한다고 응답했다. 2020년 현재에는 20대 남녀의 각각 83.4, 86.4%가 공평한 가사분담을 지지한다. 이제는 고용률과 대학 진학률에서

20대 여성이 20대 남성을 앞서지만, 이 사실 자체에 불평하는 젊은 남성들은 거의 없다.

그렇다면 이상하지 않은가? 그 어느 남성 집단 중에서도 성평등 의식이 가장 높은 이들이 스스로를 '반페미니즘'으로 정체화하다니? 결국 그렇다면 문제는 이대남에게 있는 것이 아니라 페미니즘의 운동 방식 혹은 의제화의 패착에 있는 것이라고 보는 것이 합리적인 시각이다.

2018년부터 시작된 이대남 신드롬은 2021년 서울시 재보궐 선거에서 20대 남성들이 국민의힘에 집단적 몰표를 던지면서부터 본격적인 '정치적 각성' 및 '주체화'의 단계에 진입했다. 이런 현상에 대해 진보언론과 천관율·정한울과 같은 민주 진보 진영 내 스피커들이 애써 '별거 아니다'라고 둘러대는 동안 그들의 정치적 에너지는 눈덩이처럼 불어났다. 이들의 지지에 힘입어 최초의 30대 야당 대표가 선출되는가 하면, 이수정·신지예 영입 등 과거의 관성적인 '여성계 인사 모시기' 정치에 제동을 거는 데 이르렀다. 대통령도 꺾지 못한 천하의 '개X마이웨이' 윤석열의 고집을 꺾고 무릎 꿇린 유일한 집단이 이대남이다.

그럼에도 이들이 분출하는 정치적 에너지에는 긍정적인 수식어보다는 대개 '일베', '극우', '대안 우파', '루저' 등의 부정적 꼬리표가 따라붙는다. 나아가 이대남에 대한 이런저런 학술적·비평적 용어로 혼란하게 치장된 '해석투쟁'의 와중에 발견할 수 있는 놀라운 사실 하나는 정작 민주진보 진영 내에서 이대남 당사자의 말에 진지하게 귀 기울이는 사람이 없다는 것이다. '페미니즘 비판=극우'라는 도식 내지는 선입견이 너무 강했기 때문일까.

결론적으로 그 선입견은 틀렸다. 여기저기서 분출하기 시작한 이들의 아우성을 가만히 들여다보면 그것은 "남자 편, 여자 편이 아니라, 제발 공정하게 대해 달라!"라는 외침이다. 그들이 실망감을 표해온 지난 정부의 실책들을 돌아보자. '그동안 많은 여성이 피해를 봤으니 홍대의 여성 몰카 범죄자는 봐달라'는 주장에(결국 그 범죄자는 감방에 갔지만) 머리를 숙인 순간부터 정부는 첫 단추를 잘못 끼웠다. 대중문화 콘텐츠에 대한 '올바름'의 기준을 세울 때 여초든 남초든 같은 잣대를 세워야 했다. 특히 대중문화에 대한 검열 논란을 피했어야 했다. 성범죄에 대한 단속과 처벌을 강화하는 만큼 무고에 대한 안전장치에도 신경 썼어야 했다. 오래전부터 이미 또래 여성보다 높았던 청년 남성 자살 사망률 문제도 여성 자살 문제만큼 주목했어야 했다. 학교교육에서 뒤처진 청소년들에 대한 사회적 관심과 배려가 필요했다. 사회적 여성할당을 주장하는 인사들은 우선 그간 가부장제의 특권을 누린 기성세대의 '양보'부터 요구했어야 한다. 이 모든 것은 문화적인 이슈에 그치지 않는다. 모두 청년들의 일자리, 밥벌이, 생존의 문제와 직결되기 때문이다.

앞서 보았듯 이대남은 가정 내 평등한 성역할을 추구하고, 여성경력 단절 문제 해소를 지지하며, 남성 육아휴직 확대에 찬성한다. 그들 역시 권력형 성범죄에 분노하며, 대만 출신 여성 CEO '리사 수'에 대한 호의적인 밈(meme)을 생산하고 소비한다. 이들은 인터넷상에서 버닝썬 성폭력 문제를 먼저 공론화하기도 했으며, 반페미로 돌아선 이후에도 고 장자연 사건 관련 여성 단체의 활동에 지지를 보냈다. 과거 통념의 속박에서 벗어난 이들 유쾌하고 자유로운 영혼들에게는 전통적인 의미의 '극우화' 따위의 이데올로기적 퇴행의 기미는 보이지 않는다. 이것은 이미 많은 설문 조사와 연구로 누적된 결론이다. 다시 강조하건대 그들의 관심사는 '남자 편, 여자 편'의 문제가 아닌 '공정과 상식'의 회복이다. 게다가 그들의 그러한 공정 담론은 또래 여학우마저 설득할 '힘'을 갖고 있다. 대학 캠퍼스에서 총여학생회가 '불공정'을 이유로 학생투표로 잇달아 폐지된 것이 대표적인 사례다. 이것은 또래 집단에 대한 설득 없이는 불가능한 일이다. 어쩌면 그러한 '힘'을 두려워하는 일부 인사들이 이대남의 목소리를 이대녀와 같은 비중으로 공론장에 올려놓는 것을 꺼리는 것일 수 있다.

한 가지 다행스러운 사실은 한국 사회는 아직 문화적 동질성의 수준이 높고 진보·보수를 막론하고 단일국민국가 지향에 대한 합의가 뚜렷하다는 점이다. 그렇기에 페미니즘이든 반페미니즘이든 서구 사회처럼 극단적인 정체성 정치로 화할 가능성이 적다. 또한 앞서 보았듯이 이대남 신드롬은 공정 담론을 지향한다는 점에서 내밀한 정체성 및 자기 서사에 대한 문화적 인정(recognition)을 추구하는 서구의 대안 우파(alternative right) 운동과도 결이 다르다. 이들의 페미니즘 비판은 개념이 모호한 '남성성'에 대한 복권이나 재해석에서 출발하지 않고, '공정'의 회복을 요구하는 데서 출발한다는 점에 주목해야 한다. 이렇게 본다면 이대남 신드롬은 아직도 개화기 시절의 낭만적 엘리트주의를 벗어나지 못한 정부·언론·정치권·시민단체의 무리한 서구 정체성 정치 이식 시도에 대한 건강한 면역작용이라 할 수 있다.

결국 시대에 뒤처진 이들은 이대남이 아니라 이들의 공정 담론을 이해하지 못하는 이들이다. 그런 의미에서 이대남 신드롬은 극한경쟁 사회 속에서 '누구도 뒤처지지 않게 해 달라(leave no one behind)'는 젊은 세대의 요구와 '사회 변화에는 희생이 뒤따른다'는 구(舊)운동적·지사적 세계관 사이의 불협화음이라 할 수 있다. 더 나아가 '우리가 우리 사회의 잣대와 기준을 세울 수 있다'는 자신감을 보유한 세대와 추격형 근대화 기획의 강박(그런 강박에 갇힌 이들일수록 '페미니즘은 시대정신' 같은 구닥다리 발언을 즐겨 한다)에 갇혀 있는 세대 간의 갈등이라 할 수 있다. 한 마디로 이대남이 싸우는 대상은 궁극적으로 페미니즘도, 이대녀도 아닌, 산업화와 민주화 세대를 아우르는 구체제 그 자체라 할 수 있다.

이번 『불편부당』 창간호 특집은 이대남 현상이다. 이번 호는 너무나 오랜 기간 몰이해와 차가운 시선을 받았음에도 새롭게 정치적으로 주체화하고 사회적 주목의 중심에 선 이들에 대한 경의의 표현이자 헌사이다. 이번 호에서는 이대남 현상에 대한 강박적·물신적 부인에 맞서 이들의 목소리와 이들 주변의 현상을 있는 그대로 들여다보고자 한다. 누군가에게는 불편할 수 있겠지만 직면해야 할 현실이기도 하다.

우선 향후 편집위원으로 함께할 멤버들의 글로는 다음과 같은 것이 있다. 김보현 위원의 「찌질함은 남자의 몫이다」는 개구리 페페로 상징되는 청년 남성의 불안감과 유약함 그리고 병맛이 뒤섞인 '찌질함'의 코드를 신선한 시각으로 비평한다. 사회가 페페의 캐릭터를 진정으로 이해할 때만 성평등 사회가 도래한다는 그의 진단이 의미심장하다.

박세환 위원은 「정말 여성은 피해자이고 남성은 수혜자인가?」라는 글에서 페미니즘 신화에 대한 해체를 시도하며 여성의 고통만을 부각하는 페미니즘이 그 이면에서 '고기방패' 취급당해온 남성들의 고통을 지우는 이데올로기적 조작을 한다고 지적한다. 또한 그가 진행한 성균관대 총여학생회 폐지 활동 참여자 인터뷰는 수도권 대학가 총여 폐지 사태를 둘러싼 막전 막후의 사정을 생생하게 전달하며 총여 폐지가 결국은 학내 페미니즘 정치의 자멸 과정임을 잘 보여준다.

Siempre 위원의 「미러링, 비겁하게 실패한 기획」은 메갈리아·워마드로 대표되는 '미러링' 기획이 정치적으로 실패했다는 것을 그간의 학술적 논의를 근거로 치밀하게 논증한다.

박가분 위원은 「청년 남성들은 왜 조던 피터슨에게 열광하는가?」라는 글에서

비록 조던 피터슨이 이데올로기적으로는 퇴행적인 인물이지만 '소명의식'에 목마른 청년 남성들의 심리를 그가 자극한 지점에서 진보 정치가 다시 개입해야 한다고 주장한다. 마지막으로 「여성계의 습관성 통계 왜곡 유감」에서는 통계청이 공인한 여성계의 통계 왜곡들을 다시 한번 지면에 '박제'하며 이런 습관성 통계 왜곡이 젊은 고학력 여성의 고통을 특권화하고 나머지 고통은 주변화하는 페미니즘의 이데올로기적 강박에서 비롯되었음을 논증한다.

또 외부 기고로는 다음과 같은 원고들이 있다. 이선옥 작가의 「페미니즘이 주입한 피해 의식에서 벗어나기」에서 다른 원고와 약간 다른 각도에서 청년 여성들에게 말을 건다. 글에는 '단단한 개인'이 되려는 청년 여성들을 위한 애정 어린 조언과 함께 청년 여성들의 삶과 정신건강이 점점 피폐해지는 현실 속에서 페미니즘이 문제를 치유하기는커녕 악화시키는 주범이라는 냉정한 진단이 함께 담겨 있다. 손병관 기자의 「2022 대선판 흔드는 페미니즘 - 민주당과 이재명이 '젠더 갈등' 이슈에서 놓친 것들」은 민주당이 대선판을 뒤흔드는 젠더갈등을 직시하고 선거 이후에도 젠더갈등에 대한 합의점을 도출하는 공론화위원회를 만들어야 한다고 역설한다.

한 민주당 내부 관계자가 익명으로 기고한 「왜 민주당은 페미니즘을 '손절'하지 못하나」에서 여성계가 그간 민주당의 정치신인 양성소 역할을 해왔음을 지적하며 지지자들의 압력과 내부 쇄신 노력이 결합해야, 페미니즘 문제에서 더 이상 발목 잡히지 않을 수 있다고 진단한다. 한 초등학교 교사가 익명으로 기고한 「'이대남'보다 더 센 '쨈민이'가 온다 - 초등학교 교사의 현장 관찰기」에서는 페미니즘과 정치적 올바름에 대한 주입식 교육이 어린이의 눈에 얼마나 후지고 시대착오적으로 보이는지를 현장의 생생한 목소리로 증언한다.

김어용 작가는 「MZ 세대라는 '오랑캐' - 청년에게는 젠더, 게임이 민생이다」에서 단일한 범주로 묶이지 않는 MZ 세대의 유일한 공통점은 바로 '586의 세계관을 공유하지 않는다'는 사실에 있다고 지적한다. 나아가 그는 기성세대가 부차적 이슈로 여기는 젠더와 게임 문제가 청년들에게 있어 밥벌이와 민생 문제라는 사실을 부각한다. 모래여우는 「차기 정부에서 젠더 갈등이 해소되려면 - 문제의 핵심은 청년 남성에 대한 문화적·정신적 억압이다」에서 공론장에서 과소대표된 청년남성에 대한 문화적·정신적 억압을 정치적 영역에서 해소할 필요성을 역설한다.

홍대선 작가의 「성희롱 예방 및 성평등 교육 후기」는 성인지감수성과 피해자중심주의라는, 사법 논리를 초월하는 막무가내 논리가 횡행하는 현실 속에서 최근 공공기관과 학교에서 강화되고 있는 성인지·반성폭력 교육의 유일한 논리적 귀결이 결국 '각자도생'과 '펜스룰'이라는 점을 풍자적이고 예리한 필체로 짚어낸다.

소중한 옥고를 보내준 필자들에게 지면을 빌려 다시 한번 감사의 말씀을 드린다. 그리고 지금까지 소개한 글들에 대한 반론글 기고도 얼마든지 환영하는 바이다.

이번 특집호는 산업화 세대와 민주화 세대 양쪽의 품을 떠나 사회를 자신만의 시각으로 재해석하는 실험을 감행하고 있는 청년들을 지지한다. 이번 잡지도 그러한 실험의 산물이다. 오늘날에는 페미니즘과 PC주의에 대한 반성적 비판이야말로 진정한 의미의 68혁명이다. 물론 청년들이 분출한 에너지를 궁극적으로 어느 방향으로 이끌고 가느냐는 것은 '정치의 역할'이다. 이번 대선에서도 변화한 시대와 세대의 욕구를 더 잘 이해한 측이 승기를 잡으리라. 부디 행운이 있기를!

기고·투고·반론　bpbd@msnp.kr

창간호
선언문

연대를 구하여 논쟁을 두려워 하지 않는다

뉴미디어의 시대가 도래하면서 지면상의 의미 있는 논쟁은 사라졌다. 오늘날에는 논쟁보다는 차라리 '징징거림'이라고 불러도 좋을 것들이 미디어를 한가득 채우고 있다.

한편 논쟁은 수면 아래로 억압된 것일 뿐 사라진 것은 아니다. 오늘날에도 주류 미디어와 정치권에서 수면 위로 올리기 꺼리는 논쟁들이 존재한다. 젠더 갈등, 탈원전 논란, 서브컬처 속 표현의 자유, 난민 갈등, 반중 정서, 채식주의, 캣맘 문제, 기타 등등.

민주화 이후 탈권위의 시대가 도래했다고는 하지만 논쟁 영역에 대한 금기는 여전히 존재한다. 오늘의 포스트모던 사회에서 그러한 금기는 부성적 권위가 아니라, '방금 그 발언은 누군가를 상처입히지 않을까?'라는 상냥함으로 포장된다. 오늘날 그러한 거짓 상냥함은 사람들의 사회적 이성을 마비시키고 어설픈 기술관료적 계도주의가 판치는 토양을 만들기도 한다.

대중 사회가 도래했다고 흔히들 말하지만 정작 대중 사회·대중문화 분석에는 대중에 대한 제멋대로의 표상만 난무할 뿐 진짜 대중의 언어가 존재하지 않는다. 자칭 전문가라는 이들조차 대중의 속살을 들여다볼 생각은 하지 않는다. 가장 고상한 이론적 인식을 추구한 헤겔조차 '수영이라는 것은 물속에 들어가서 배우는 것'이라 일갈하지 않았던가. 오늘날 담론의 전문가가 되고자 하는 이들 또한 대중 한가운데서 벌어지는 격렬한 논쟁의 격류에 몸을 맡겨야 한다.

그러나 강호의 도리는 땅에 떨어진 지 오래다. 지금, 비평의 영역에조차. 금기와 한계설정이 존재한다. 심지어 순문학에서조차 말해도 되는 것과 말해서는 안 되는 것의 구분이 명확하다. 이러한 문화적 금기는 이제 서브컬처의 영역마저 침범할 기세이다. 시민적·문화적 자유의 측면에서 이는 개탄스러운 현상이다.

더욱 안타까운 것은 한때 '자유'와 '진보'를 부르짖던 이들이 금기의 옹호자가 되었다는 것이다. 이들은 서구 사회에서 이미 실패작인 것으로 드러난 정체성 정치와 정치적 올바름을 금과옥조처럼 여기며 동료 시민들의 자유를 억압하고 그들의 선의지를 부정하며 검열 만능주의라는 독을 우리 사회에 풀어놓았다.

과거에는 논객들이 시민사회 내의 논쟁을 직업적으로 대행했다. 오늘날에는 자의식 강한 개인으로 자립한 시민 자신부터 더 이상 논객을 필요로 하지 않는다. 밥벌이 수단을 잃은 논객들은 점차 정치예능의 영역으로 나아가거나 검열관으로 변모하거나 두 영역 모두에서 투잡을 뛰기 시작했다. 논객의 직업적 존엄은 땅에 떨어졌다. 한편 정치의 예능화 역시 위대한 논쟁이 실종된 우리 사회의 현주소를 보여준다.

논쟁에 대한 미디어의 금기, 문학과 비평의 타락, 논객의 위상 추락. 정체성 정치로의 퇴행. 일련의 현상이 맞물림으로써 서로가 기술적으로 긴밀하게 연결된 지금 오히려 저마다 섬-공동체 속에 갇히는 결과가 초래됐다.

그러나 우리는 논쟁을 통해 드러나는 공통점, 불화 속에서 자라는 연대 의식, 충돌 속에서 얻는 상호 이해가 존재한다고 생각한다. 우리는 게으른 진영 논리 속에 안주하는 도그마를 거부하고, 정체성 정치의 게으른 관성을 떨쳐내고자 한다. 우리는 논쟁적 이성을 통해 도달할 수 있는 진리가 있다고 믿는다. 논쟁은 이제 논객 개인의 자의식을 드러내는 수단이 아니라 새로운 시대, 새로운 세대의 역할을 열어젖히는 역할을 해야 한다. 무엇보다 우리는 논쟁을 통해 민주적 다수파를 형성하고 새로운 세대·계급적 연대를 형성할 가능성을 믿는다. 그것이 바로 우리가 기다리던 '대안 좌파'이다.

Pepe the Frog

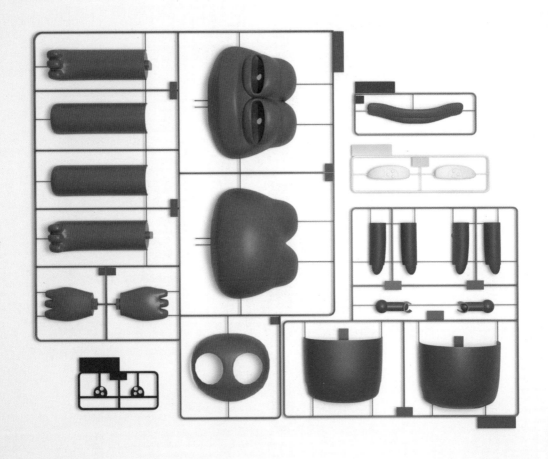

Tritt vor: Wir hören
Daß du ein guter Mann bist.

앞으로 나오라, 우리는
그대가 좋은 사람이라고 들었다.

Du bist nicht käuflich, aber der Blitz

Der ins Haus einschlägt ist auch

Nicht käuflich.

Was du einmal gesagt hast, dabei bleibst du.

Was hast du gesagt?

Du bist ehrlich, du sagst deine Meinung.

Welche Meinung?

그대는 매수되지 않지만,

집을 내리치는 번개 또한

매수되지 않는다.

그대는 그대가 했던 말을 지켰다.

그러나 어떤 말을 했는가?

그대는 정직하고, 자기 의견을 말한다.

어떤 의견인가?

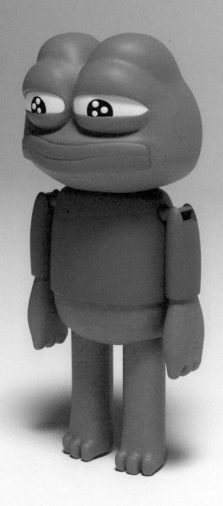

Du bist tapfer.

Gegen wen?

Du bist weise.

Für wen?

Du siehst nicht auf deinen Vorteil.

Auf wessen denn?

Du bist ein guter Feund.

그대는 용감하다.

누구에게 대항하는 용기인가?

그대는 현명하다.

누구를 위한 현명함인가?

그대는 자신의 개인적 이익을 돌보지 않는다.

그렇다면 그대는 누구의 이익을 돌보는가?

그대는 좋은 친구이다.

Auch guter Leute?

So höre: Wir wissen
Du bist unser Feind. Deshalb wollen wir dich
Jetzt an eine Wand stellen. Aber in Anbetracht deiner Verdienste
Und guten Eigenschaften

그대는 좋은 사람들에게도 좋은 친구인가?

이제 우리의 말을 들으라, 우리는
그대가 우리의 적임을 안다. 그런 이유로 우리는
이제 그대를 벽앞에 세우리라.
그러나 그대의 미덕과 장점들을 고려하여

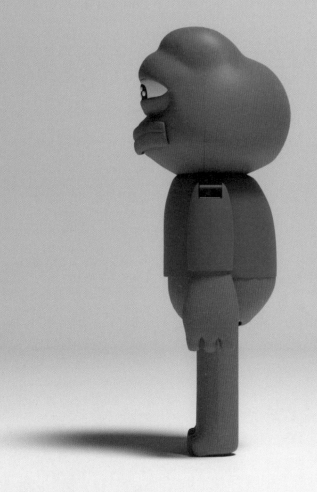

An eine gute Wand und dich erschießen mit
Guten Kugeln guter Gewehre und dich begraben mit
Einer guten Schaufel in guter Erde.

Verhör des Guten - Bertolt Brecht

우리는 그대를 좋은 벽 앞에 세우고 그대를
좋은 총의 좋은 탄환으로 쏠 것이며 그대를
좋은 삽으로 좋은 땅에 묻어 주리라.

선한 자에 대한 심문 - 베르톨트 브레히트

Pepe the Frog

'페페'라는 이름의 슬픈 표정의 개구리.

맷 퓨리Matt Furie의 만화 시리즈 「보이스 클럽」Boy's Club의 등장 캐릭터.

 2008년부터 가이아 온라인, 4chan, 마이스페이스 등

소셜 네트워크 서비스를 통해 인기를 끌기 시작했다.

2016년 즈음에는 논란이 많은 대안 우파 운동의 캐릭터로도 사용된 적도 있었으나

2020년 이후로는 정치적 성향 없이 밈으로 사용되는 경우가 많다.

2022 대선판 흔드는 페미니즘
- 민주당과 이재명이
'젠더 갈등' 이슈에서 놓친 것들

손병관

손병관 기자는 고려대 동양사학과를 졸업한 뒤
2001년 '언론 스타트업' 오마이뉴스에 몸을 실었다.
2002·2007·2017년 대통령선거를 취재했고, 2005년
황우석 논문 조작 사건 당시 오보를 내지 않은
것을 일생일대의 행운으로 생각해왔다. 서울시청
출입기자로서 정치인 박원순의 마지막 2년 7개월을
지켜본 뒤 그의 사망과 성추행 논란을 파헤친 취재기
<비극의 탄생>을 썼다.

"페미니스트 대통령이 되겠다."(문재인 대통령, 2017년 2월 16일 '대한민국바로세우기' 제7차 포럼)

"설거지를 왜? 집사람한테 '남자가 하는 일이 있고 여자가 하는 일이 있다'고 했다. 그것은 하늘이 정해놨는데…."(홍준표 자유한국당 대선 후보, 2017년 4월 17일 YTN '대선 안드로메다' 인터뷰)

문재인과 홍준표는 2017년 대선에서 1, 2위를 했다. 여성과 여성 문제를 바라보는 양강 후보의 인식 차이는 위 발언에서 상징적으로 드러났다.

그해 대선은 최순실 국정농단 사건으로 권좌에서 내쫓긴 박근혜 정부에 대한 심판의 성격이 지배적이었기 때문에 이러한 인식 차이가 승패를 갈랐다고 보기는 어렵다.

그로부터 5년 뒤 우리는 2022년 대선이라는 '또 다른 운동장'을 만난다.

우리나라 대선의 기본 구도는 '바꿔야 산다' 대 '구관이 명관'이다. 집권세력이 뒤바뀔 때마다 고정 레퍼토리처럼 차기 선거에 따라붙곤 했다.

여기에 박정희 집권기에 움트기 시작해 김대중-김영삼 양김 경쟁기(1988~2003)에 꽃핀 지역대결 구도가 부록처럼 따라붙는다. 진보-리버럴이 연합한 민주당이 호남의 지원 사격을 받는 영남 출신 대통령(노무현, 문재인)을 두 명이나 배출했지만 영남이 국민의힘 계열 후보를 밀고, 호남이 민주당을 미는 구도 자체는 큰 변화가 없다.

1월 11~13일 한국갤럽의 대선 주자 여론 조사 결과 TK 지역에서 경북 출신의 이재명은 19%, 충청 출신의 윤석열은 48% 지지를 각각 얻었다. 호남에서는 이재명이 69%, 윤석열이 12%의 지지를 각각 얻었다.

지역대결 구도로 판세를 읽는 것은 여전히 유의미하다. 이는 정치 현장을 취재하는 기자들에게도 매우 편한 기사 쓰기 틀을 제공한다. 후보들의 지방 순회 기사에는 어김없이 'OO권 세몰이', '중원 공략', '적진에서 민심 잡기' 같은 전투적인 제목들이 따라붙는다. 전통시장을 찾은 후보에게 "셀카 같이 찍자"는 팬들이 몰리기만 해도 "역대급 인파", "인산인해"라고 평가하는 기사들이 나오곤 한다.

그런데 2017년 대선부터 '세대 투표'라는 새로운 경향이 감지됐다.

세대별 지지 성향을 따지는 것이 새로운 분석 틀은 아니다. 1987년 대통령 직선제가 다시 도입된 이후부터 청년층이 민주당을 상대적으로 선호하고, 노년층이 국민의힘을 선호하는 경향을 보인다는 것이 선거판의 상식이었기 때문이다.

대표적인 예로, 2017년 1월 5일 새누리당 권성동 의원은 선거 연령을 19세에서 18세로 낮추려는 움직임에 대해 "고3을 무슨 선거판에 끌어들이나, 공부를 열심히 해야지"라고 냉소적인 반응을 보였다.[1]

역대 선거 때마다 새누리당 계열 정치인들은 투표율 증가를 달가워하지 않았다. 투표율이 높다는 것은 노년층보다 정치에 관심이 상대적으로 덜한 청년층이 민주당을 지지하기 위해 투표장에 왔다는 의미였기 때문이다.

2017 대선 당일 방송사 출구조사에서 문재인은 20대에서 47.6%, 30대에서 56.9%, 40대에서 52.4%의 지지를 얻었다. 거꾸로 홍준표는 60대(45.8%)와 70대 이상(50.9%)에서 상대적 우위를 보였다.

---

1. 보수 정당의 떨떠름한 반응에도 2019년 공직선거법 개정으로 선거 연령은 18세로 낮춰졌다.

선거는 20~40세대 연합군의 지지를 업은 문재인이 50대(문 36.9%, 홍 26.8%)에서도 우위를 끌어내 홍준표의 6070 연합군을 물리치는 결과로 나타났다.

대선 전후 시작된 '박근혜 사면 요구' 시위대, 일명 '태극기 부대'의 주류가 노년층이라는 것에 빗대서 이 무렵 "촛불 연합군만 뭉치면 선거는 백전백승"이라는 얘기가 민주당 지지층에서 나왔다.

2018년 6월 13일 지방선거에 대한 방송 3사 출구조사에서도 정부·여당 지지론(47.3%)과 견제론(42.5%)이 팽팽하게 맞선 60대 이상 연령층과 달리 19~50대 연령층에서는 지지론이 65% 안팎을 기록했다.

2020년 4월 총선 출구조사에서는 새로운 흐름이 감지됐다. 세대별 투표 정당을 각각 남녀로 구분해보니 흥미로운 결과가 나온 것이다.

20대 남성의 민주당 투표율은 47.7%, 20대 여성의 같은 당 득표율은 63.6%였다. 성별 지지 격차가 15.9%p에 이른 것이다.

20대를 제외한 다른 연령대의 민주당 지지자들은 성별에서 이 정도의 두드러진 차이를 드러내지 않았다.

30대 6.5%p (남 57.8%, 여 64.3%)
40대 0.8%p (남 65.0%, 여 64.2%)
50대는 1.7%p (남 49.1%, 여 50.8%)
60대 이상 1.7%p (남 31.8%, 여 33.5%)

국민의힘의 전신인 미래통합당에 대한 세대별 남녀 득표율 격차에서도 이와 비슷한 흐름이 나왔다.

20대 15.4%p (남 40.5%, 여 25.1%)
30대 6.5%p (남 33.0%, 여 26.5%)
40대 0.8%p (남 26.5%, 여 27.3%)
50대 3.7%p (남 40.1%, 여 43.8%)
60대 이상 0.2%p (남 59.7%, 여 59.5%)

20대 이하 남녀 사이에 흐르는 묘한 긴장 관계는 2021년 서울시장 보궐 선거 출구조사 결과가 나오면서 수면 위로 솟구쳤다.

'낀 세대'라고 할 수 있는 40대에서는 민주당 박영선, 국민의힘 오세훈 후보의 지지율 진폭이 크지 않았다. 40대 남성에서는 박영선이 5.5%p 앞섰고, 40대 여성에서는 오세훈이 2.4%p 앞서 호각지세를 이뤘다. 20대 여성에서는 박영선이 3.1%p 앞서 나갔고, 30대 여성과 50대 남성에서도 박영선은 오세훈을 한 자릿수 격차로 따라가고 있었다. 그런데 18~29세 남성의 지지율에서 빨간 줄(국민의힘 상징색)이 가장 길게 그어졌다.

오세훈 72.5%, 박영선 22.2%.

최종 결과는 오 57.5%, 박 39.2%. 민주당은 서울시장 선거 사상 최대 규모의 패배를 맛봤다. 2022년을 맞은 이 시점에서도 민주당은 이때의 상처를 완전히 회복하지 못하고 있다.

국민의힘에서 기획하는 2022년 대선 구도는 명확하다. '어게인 2021 서울시장' 구도를 재현하는 것이다.

우여곡절 끝에 국민의힘 선거사령탑을 맡았다 하차한 김종인 씨가 "서울시장 보선에서 나타난 민

서울시장 재보선 출구조사 결과를 지켜보는 오세훈 후보

심의 향배가 아직 식지 않고 있다. 후보와 선대위가 큰 실수만 하지 않으면 정권을 가져올 수 있다"고 자신한 이유다. 서울시장 선거 홍보 책임을 맡았던 이준석은 당대표 자리를 걸고 대선에 임하고 있다.

그는 이 세력 저 세력 다 끌어모으는, 윤석열의 '반문연대'가 대선 국면에서 정교한 선거 전략이 될 수 없다고 판단했다. 그는 6070과 2030이 연합해 4050의 586 정권을 무너뜨려야 한다는 이른바 '세대 포위론'의 주창자다.

국민의힘의 전통적 지지층(6070)에 민주당에 호의적이었던 2030을 흔들어 놓으면 윤석열이 넉넉하게 이길 수 있다는 계산이다.

민주당의 전통적인 세대 공략책은 (국힘에 호의적인) 6070을 제외한 나머지 전 세대를 규합하는 것이었다.

이번 대선에서는 당락을 다투는 양대 정당의 후보들이 2030에 특별한 매력을 못 주고 있다. 그러나 서울시장 선거 때와 같은 바람이 재현된다면 대선 지형은 민주당에 불리한 흐름으로 갈 수밖에 없다.

2020년 총선 직후만 해도 민주당은 "누구를 후보로 올려도 정권재창출은 떼놓은 당상"이라고 자신만만했다. 그 사이에 무슨 일이 있었을까?

민주당 정권이 민심을 잃은 데에는 조국 사태와 부동산 가격 폭등 등 여러 가지 요소들이 중첩되어 있지만, 필자는 페미니즘에 대한 여권의 안일한 대처가 젠더 갈등을 격화시킨 점에 주목한다.

문재인 정부의 여성 정책이 지향하는 바가 무엇일까 어리둥절할 때가 많지만 2018년 래디컬 페미니스트들이 주도한 '혜화역 시위' 때 보여준 처신이 하나의 상징이 아닐까 생각한다.

그 시위는 한 여성이 홍익대 누드 크로키 수업 도중 남성 모델의 얼굴과 성기를 도둑 촬영한 사건으로부터 비롯됐다.

시위를 주최한 '불편한 용기'는 "수사 기관이 이 사건에 대해 편파적인 수사를 하고 있다"고 주장했지만, 법원의 판단은 달랐다. 2018년 말까지 형사 1, 2심 모두 가해 여성이 피해 남성에게 "평생 극복하기 어려운 상처를 입혔다"며 유죄를 선고했다. 이와 별개로 열린 민사 손배소에서도 피해 남성에게 2,500만 원 배상하라는 판결이 나왔다.

혜화역 시위의 의도 자체가 대중 동원을 통해 사법부에 압력을 행사하려는 의도가 분명했던 만큼 행정부는 더욱 신중한 입장을 견지해야 했다.

그러나 문재인 정부는 그러지 않았다. 3차 시위가 있었던 2018년 7월 7일과 8일 문 정부의 국무위원 2명이 잇달아 페이스북에 입장을 내놓았다.

정현백 여성가족부 장관은 "참석자들은 뜨거운 땡볕도 아랑곳하지 않고 불법 촬영을 비롯해 성범죄를 근절하지 못하는 국가기관과 우리 사회 전반의 성차별을 성토했다"며 "국무위원의 한 사람이자, 여성 인권 주무 부처 장관으로서 국민들께 송구스럽고 마음이 무거웠다"고 전했다.

김부겸 행정안전부 장관도 "'불편한 용기' 측이 말하는, 여성을 보호하지 않는 국가에 나 자신도 포함된다. 내 책임이 크다"며 "남성이라면 더더욱 여성의 외침을 들어야 하는데, 반박하고 비판부터 하려는 태도가 있다"고 말했다.

정 장관은 "뼈를 깎는 심정으로 더욱 노력하겠다"고 했고, 김 장관도 "어떻든 정부가 대책을 마련하고 해결하겠다"고 약속했다.

두 장관이 이 사건에 대해 의견을 내놓은 후 과연 국민이 피부로 느낄 만한 대책이 나오긴 했던가? 남성과 여성 양쪽으로부터 "그동안 뭘 했냐"는 지탄받는 현 상황이 현 정부의 성적표가 아닌가 싶다.

박원순 전 시장의 서울시도 큰 틀에서는 민주당 정부의 일부이니 짚고 넘어갈 게 하나 있다. 박원순 서울시는 2016년부터 4년간 총 49억 원의 예산을 들여 서울의 모든 화장실 10만여 곳에서 몰래카메라와 불법 촬영 단속을 한 바 있다.

그 정도의 노력을 들이고도 한 건도 적발하지 못하자 몰카 단속을 위한 '여성안심보안관' 제도는 흐지부지됐다. 사회적 약자인 여성을 배려하겠다는 박원순의 선의와는 별개로, 행정력 낭비에 대한 비판은 달게 받아들여야 할 것이다.

2020년 조주빈 일당의 'N번방 사건'이 터졌을 때도 정부 고관들 입에서는 같은 말이 나왔다. 이렇게 놓고 보면, 현 정부 장관들의 '혜화동 시위'에 대한 의견 표명은 그때그때 시류에 편승하는 립서비스가 아니었나 싶다.

장관들의 립서비스 책임은 그런 분위기를 조장한 문재인 대통령까지 올라간다.

2016년 5월 한 정신질환자가 여성을 죽인 '강남역 살인 사건'이 발생하던 당시 문 대통령은 이듬해 대선을 준비하고 있었다. 그는 트위터에 "다음 생엔 부디 같이 남자로 태어나요"라는 글을 리트윗하며 피해 여성을 애도했다. 이는 이 사건을 여성 혐오 범죄로 단정하고 '남성=잠재적 가해자' 담론에 편승한다는 인상을 줬다.

여가부 산하 한국양성평등교육진흥원장을 맡은 나임윤경씨가 "남성은 성범죄의 잠재적 가해자로 취급되며 그에 대한 남성들의 해명은 시민적 의무"라는 말을 한 것이 논란이 된 적이 있다. 정부 기관장이 이런 말을 천연덕스럽게 하는 것이 페미니즘에 온정적인 정부의 분위기를 그대로 보여준다면 지나친 해석일까?

페미니스트로 자부하던 박원순이 2020년 7월 갑작스러운 죽음을 선택한 사건도 이 시점에서 찬찬히 곱씹어볼 만하다.

한국성폭력상담소와 여성의전화 등 여성 단체들이 그를 비난하는 기자회견들을 떠들썩하게 했지만, 5개월을 끈 경찰 수사에서는 아무런 증거가 나오지 않았다. 성폭력상담소장 출신 최영애 씨가 수장을 맡았던 국가인권위원회가 "성희롱이 인정된다"고 선언한 것이 전부다. 국가인권위 변호인단은 박원순 유족과의 행정소송에서 "법원에 결정의 근거 자료를 제출하면 2차 피해가 우려된다"는 궁색한 변명만 하고 있다.

생전의 박원순은 '피해자 중심주의'나 '2차 가해 금지'를 누구보다 옹호했다. 그런 그도 자신이 연루된 사건에서는 그런 주장을 더 이상 펼 수 없다는 딜레마를 풀지 못해서 죽음을 택했다는 것이 나의 결론이다(동 사건의 디테일은 졸저 「비극의 탄생」을 참고하기 바란다).

그렇다면 여성 단체들은 왜 고소인의 말만 듣고 그런 일을 벌였을까? 피해자 중심주의가 고소인 주장에 대한 일체의 검증을 터부시한다는 점에서 박원순을 둘러싼 '난리부르스'는 예고된 참사였다. 그들은 이런 말을 하고 싶었던 게 아닐까?

"남성 페미니스트 박원순도 성범죄자가 되는 것을 피하지 못했다. 그러니 모든 남성은 여성들의 요구에 더더욱 귀를 기울이라. 그게 무엇이 됐든 간에."

사건의 진행 국면에서 더 한심한 쪽은 정부·여당이었다. 경찰 수사에서 아무것도 안 나왔을 때, 국가인권위가 법령에 근거하지 않은 직권조사를 강행할 때 이들은 수수방관했다.[2]

피해자 주장과 인권위 발표를 그대로 추종해 민주당 이낙연 대표와 박영선 서울시장 후보는 선거 기간 내내 그저 "잘못했다"는 말만 되뇌었다. 박원순에 대한 논란과 별개로 그를 '혁신의 롤 모델'이라고 추켜세웠던 우상호 의원, "정말 그렇게 몹쓸 사람이었나"고 의문을 제기했던 임종석 전 대통령비서실장의 목소리는 '2차 가해' 아우성 속에 잠겨 버렸다.

그리고 대부분의 예측대로 서울시장 선거는 민

---

2. 국가인권위법 32조는 "수사 기관의 수사가 진행 중인 사건에 대해 진정을 각하한다"고, 35조는 "인권위가 수사 중인 사건의 소추에 부당하게 관여할 목적으로 조사를 해선 안 된다"고 규정되어 있다.

여성 전용 도서관으로 개관·운영되어 오다가, 정부로부터 '평등권 침해' 판단을 받은 제천시립도서관(jecheon.go.kr/jclib) 산하 여성도서관. 정부 권고에 따라 운영방식을 변경하였으나, 지금도 남성에게는 대출만 허용하고, 내부 시설 이용은 허용하지 않고 있다.

주당의 참패로 막을 내렸다. 선거는 이길 수도 질 수 있다. 중요한 것은 패배로부터 어떤 교훈을 얻느냐다.

그런데 민주당은 선거 후 8개월을 그냥 흘려보냈다. 이미 예정된 5월의 전당대회는 서울시장 참패를 일으킨 '이대남' 현상을 복기하고 전열을 정비하는 장이 될 수 있었다. 송영길, 우원식, 홍영표 세 후보 모두 "나만이 문재인 정부를 지키고 정권재창출을 할 수 있다"며 당심에 호소했다. 여당의 전통적인 지지 기반인 2030의 흔들리는 표심이 드러난 판국에

열성 지지층에 구애하는 식의 당권 마케팅으로 귀중한 시간을 허비했다.

전당대회가 끝나자 이번에는 경선의 시간이 왔다. 경선 도전자들에게는 미안한 말이지만 2030, 특히 '이대남'들이 괄목상대할 정도의 매력 있는 주자는 없었다. 같은 기간 국민의힘이 전대에서 이준석 돌풍, 경선에서 홍준표 돌풍을 일으키며 2030 지지층 일부를 확실히 끌어낸 것과는 여러 가지로 대비됐다.

당내 경선에 두 번 도전해서 비교적 오랜 기간 지

도자 수업을 받은 것으로 보였던 이재명 후보도 어처구니없는 실책을 저질렀다.

이 후보는 9월 15일 여성신문 인터뷰에서 "남녀 관계도 일종의 계급인데, 노동과 자본의 관계보다는 체감이 떨어진다", "(이재명 정부에서) 동수 내각을 목표로 한다"는 발언을 했다.

정치인은 인터뷰에서 특정 성향의 매체가 듣고 싶어 하는 메시지를 마치 '서비스'처럼 던질 때가 많다. 이 후보의 발언은 친페미 성향의 여성신문 독자들에 대한 구애로 해석됐다. 그러나 이 후보는 자신의 립서비스가 페미니즘에 반감을 보이는 '이대남들'의 반발을 살 것은 계산하지 못한 듯싶다. 이재명의 실패이면서, 동시에 그를 내세워 재집권해야 할 캠프 메시지 전략의 실패라고 할 수 있다.

그런데 경선 때는 안 보이던 것이 본선 때는 보인 모양이다.

이재명은 민주당 후보로 선출된 뒤 현 정부의 페미니즘 정책을 비판하는 온라인 커뮤니티 글을 2차례 공유했다. 지난달 10일에는 부인의 간호를 핑계로 전국여성대회에 불참하며 "여성이라는 이유로 차별받아서는 안 되는 것처럼, 남성이라는 이유로 차별받는 것도 옳지 않다"는 의미심장한 메시지를 냈다.

이 후보는 나아가 여성가족부를 평등가족부나 성평등가족부로 명칭을 바꾸고 기능을 일부 조정하는 방안도 제시했다. 박원순 사건 내내 여성 단체들의 서슬에 숨죽이고, 페미니즘의 '페'자도 꺼내지 못한 것에 비해서는 상전벽해라고 할 만하다.

주목할 것은 문제 제기의 방식이다. 페미니즘 비판글을 함께 읽어 보자고 제안한 사람도, 여가부 기능 조정 등의 이슈를 던진 사람도 이재명이었다.

서울시장 선거에서 드러난 이대남들의 여론은 문재인 정부 페미니즘 정책의 '대전환' 내지는 '재고'를 요구하는 것이었다. 여의도의 민주당 의원들 몇몇이 선도적으로 문제를 제기했다면 이재명도 자신의 의견을 보태는 방식으로 비교적 부드럽게 '어젠다 세팅'에 성공할 수 있었다.

그러나 대통령 후보가 직접 나섰다는 것은 총대를 멜 사람이 없었다는 얘기다. 경선 때 "남녀 관계도 일종의 계급"이라고 말한 사람이 후보가 되자마자 "남성이라는 이유로 차별받는 것도 옳지 않다"는 메시지를 던졌다. 냉정한 유권자라면 바로 마음을 돌리기보다는 "말만큼 행동으로 보여주는지 한번 보자"고 관망할 수밖에 없다.

한편으로 이재명의 '태세 전환'은 문 정부의 페미니즘 정책에 비판적인 지지를 보여 온 2030 여성들, '이대녀'들의 반발을 샀다. 결과적으로, 이대남과 이대녀 어느 한쪽으로부터도 확실한 지지를 받지 못하는 상황에서 이재명은 그냥 멈춰 버렸다. 민주당과 이재명이 방향을 확실히 잡지 않는다면 지금의 2030 지지율은 계속 박스권에 갇힐 것이다.

국민의힘은 페미니즘 이슈에 있어서 좌고우면하는 인상은 주지 않는다. 당대표가 래디컬 페미니즘 진영에서 악명이 높은 이준석이고, 대선 후보는 '성범죄 무고죄 처벌 강화'를 약속한 윤석열이기 때문이다.

이재명만큼이나 페미니즘 이슈에 관심이 없어 보이던 윤석열은 해가 바뀌자 돌연 '여성가족부 폐

지'를 들고 나왔다. '하이 리스크, 하이 리턴'의 아이디어를 낸 사람이 윤핵관(윤석열 측 핵심관계자)인지 윤주청(윤석열 주변 청년들)인지는 중요하지 않다. 여성들도 40%가 지지했다는 여론 조사는 '이런 류의 공약은 젠더 갈라치기'라는 비판마저 무색케 한다. 적어도 이대남들에게 정권 교체는 공허한 슬로건이 아니라 '페미정권 심판'이라는 것이 명확해지고 있다.

최근 드러난 젠더 갈등의 촉발자가 누구인지는 불분명하지만, 수혜자가 누구인지는 분명하게 드러나고 있다. 국민의힘이 '어게인 서울시장 보선'을 소리 높여 외치는 이유다.

그렇다면 민주당과 이재명은 무엇을 할 것인가? 선거가 얼마 남지 않은 상황에서 '비단 주머니'가 없는 것은 분명하다. 쥐고 있던 구슬들이 손아귀를 빠져나가는데 왼쪽으로 굴러가는 구슬을 집으려다 보면 오른쪽으로 구르는 구슬들을 놓치는 것은 피할 수 없기 때문이다.

석 달도 안 남은 대선을 겨냥해 후보가 발표하는 2030대책들 하나하나가 진정성을 의심받을 것이다.

국민의힘 이준석이 "정치권이 젠더 이슈에 대한 언급을 피해서는 안 된다"며 페미니즘에 비판의 목소리를 내기 시작한 게 2018년 10월의 일이다. 이준석이 3년 장사해서 벌어들인 달란트를 이재명이 불과 수십 일 동안 바짝 영업을 뛰면 따라잡을 수 있을까?

시험 전날 벼락치기를 해 본 학부형들도 자녀에게는 "공부는 꾸준히 하지 않으면 실력은 쌓이지 않는다"는 말을 한두 번 했음직하다. 내가 민주당과 이재명에게 하고 싶은 말이 바로 이거다.

전술한 바와 같이 선거는 이길 수도 질 수 있다. 역설적으로 '선거 이후'까지 내다봐야 선거에서 할 일이 보인다. 그런 면에서 민주당에 페미니즘 정책의 기조를 재점검하는 특별위원회를 구성할 것을 권한다.

지금처럼 청년선대위 산하에 '남혐 여혐 둘 다 싫어 위원회' 같은 장난스러운 기구를 만들어 놓고 개점휴업 상태로 두는 바보짓은 하지 말라는 얘기다.

2024년 총선 공약이라는 성과물을 내놓는다는 목표를 설정하고 성범죄와 저출산, 청년고용, 군 복무 등 페미니즘이 걸쳐 있는 제반 이슈들에 대해 다양한 스펙트럼의 정치인과 시민단체, 관련 전문가들이 정기적으로 모여서 접점을 찾는 테이블을 만들기 바란다.

민주당의 페미니즘 정책이 기존 여성 단체 영향권에 있는 정치인들에 휘둘렸다가 젠더 갈등을 촉발했던 만큼 위원회의 성패는 폭넓은 인재풀을 얼마나 확보하냐에 달렸다고 해도 과언이 아니다. 이런 시도에 대해 어떤 반응, 반발이 터져 나올지도 모르는 바가 아니다.

그러나 '리버럴 정당' 민주당은 이 길을 가야 한다. 이런 시늉이라도 해야 역대 최악의 '비호감 대선'에서 누굴 선택할지 몰라 전전긍긍하는 2030 부동표들이 눈길이라도 한 번 주지 않을까? ㊀

차기 정부에서 젠더 갈등이 해소되려면
- 문제의 핵심은 청년 남성에 대한 문화적·정신적 억압이다

모래여우

젠더이슈에 관심이 많은 인터넷 커뮤니티 유저

기성 정치권의 많은 분이 2030 남성들의 '분노' 앞에서 당혹스러워하는 듯 보입니다. 그럼 이 분노는 어떻게 해소할 수 있을까요? 어떤 어르신들은 2030 남성들에게 일자리, 주거, 복지혜택 등 무언가 물리적·물질적이고 실질적인 혜택을 정책적으로 보장해 줌으로써 이들의 불만을 달랠 수 있지 않을까 생각하는 것 같습니다만, 이는 사태의 본질을 절반만 이해하는 처방이라 생각합니다.

젠더 갈등 분야에 있어 2030 남성들의 불만은 물질적이고 실질적인 측면에서 비롯된 부분도 있겠으나, 그보다는 문화 관념적인 측면으로부터 비롯된 부분이 더 강하기 때문입니다.

2030 남성들은 교육을 통해 "여성들은 가부장제와 남성들의 억압 속에서 고통을 받으며 살아왔다"는 관념을 어려서부터 주입받으며 성장한 세대입니다. 정작 '실제 현실 속에서의 나'는 여자아이들과의 경쟁에서 밀리고 뒤처지고 놀림받기까지 했지만 그럼에도 역사적 측면에서 선대 남성들의 가부장적 죄악들, 그로 인한 부채 의식을 계승해야만 한다는 암묵적인 압력을 받으며 성장했습니다.

우리에게 죄의식을 요구하는 사회적 압력은 '16년 강남역 살인 사건' 이후 눈에 띄게 강화되었습니다. 연애 시장에서 여성을 향하는 남성의 소소한 말과 제스처 하나하나에 '여성 혐오'라는 딱지가 붙었습니다. 아예 여성의 선택을 받지 못해 혼자서 욕구를 해소하려 해도 '여성 혐오'라는 딱지는 나의 외로운 한 뼘 방구석까지 따라 들어왔습니다. 실제 모델이 존재할 리 없는 2D 여성 캐릭터나 실리콘 조형물조차도 함부로 건드려서는 안 되는 무언가가 되었습니다. 여성을 쳐다보기만 해도 시선 강간이라는 죄악의 이름이 따라붙었습니다.

나는 죄인이 아니라고, 제발 이러지 말라고 사회를 향해 따졌더니 "네가 죄인이 아니라는 걸 어떻게 믿지? 죄인이 아니라면 그걸 너 스스로 입증해 보라!"는 핀잔만이 되돌아왔습니다.

건장한 남성이라면 가질 수밖에 없는 성적인 욕구는 물론이고 그냥

존재 자체가 죄악이었습니다. 그렇게 우리는 죄악의 존재가, 악의 축이
되었습니다.

민주당?

=페미니즘과 부동산은 볼드모트가 되어 감히 입밖에도 꺼내지 못하는 겁쟁이들과 그 겁쟁이들을 만들어낸 볼드모트들만 그득그득한 정당.

솔직히 저 두 존재는 민주당 사람들에겐 볼드모트같은 존재였죠

알고있으면서도 알면서도 눈앞에 있는데도 이름조차 감히 입밖에 내지 못하는

그나마 부동산은 저번 보궐선거 기점으로 드디어 볼드모트 정도에선 간신히 벗어난듯하지만

페미니즘은 민주당에겐 아직도 볼드모트잖아요? 후보님도 그러시구요.

감히 그 이름을 입밖에 꺼내선 안되잖아요

전통적 민주당 지지층인 젊은세대 2030을 보수정당의 화신으로 만들어주신 주인공

10대 친구들 마저도 우리보다 더 매운 세대로 만든 바로 그 페미니즘.

웬만 하면 여험. 성인지감수성 부족.

차별금지법에 왜 반대하나구요?

여성차별만 존재할뿐이지 남성차별은 없다고 말하는 당신들이 무서워서 감히 찬성을 못 했습니다.

페미니즘이라는 광기에 사로잡힌 인간들과 그 광기에 대항 못하고 겁만 잔뜩 먹은 겁쟁이들만 있는 그곳에서

그런 사람들이 정의의 기준자가 되어 다른 다양한 사람들을 재단하게될 미래가 두려워서였습니다

이재명 후보가 2021년 11월 10일 자신의 SNS에 공유했던 디시인사이드 익명 유저의 글 中 일부

'지금까지 여성을 억압해 왔기 때문에'라는 명분 아래 기성세대는
여성들에게만 공론장을 열어 주었습니다. 언론과 매스컴은 오직 '남성
의 억압과 죄악을 성토하는 여성들'에게만 목소리를 허락해 주었습니
다. 이에 반대해 '남성의 입장'을 말하려 하는 이들은 스피커를 가질 수

없었습니다. 공론장이 우리에게 반론권을 허락하지 않았기 때문에, 그렇게 우리는 '남성'이라는 죄악의 이름으로 언제나 항상 일방적인 매도를 당해야만 했습니다.

이렇게 당하고만 살 수는 없었기 때문에, '남성'이라는 이름이 그 자체로 '원죄'가 되는 세상은 옳지 않다고 생각했기 때문에, 우리는 우리끼리 연대하여 2021년 보궐 선거에서, 국민의힘 당대표 선거에서, 그리고 2022년 대선 국면에서 조직적으로 항의 의사를 표출하게 되었습니다. 그러자 세상은 "너희 때문에 젠더 갈등이 심화되고 세상이 혼란스러워지니까 조용히 좀 해!"라며 면박을 주었습니다.

'남성을 규탄하는 여성의 목소리'는 선대 여성들이 억압받아 왔다는 역사적 맥락에 의해 언제나 정당했고, '이에 반박하는 젊은 남성의 목소리'는 세상을 어지럽히려는 불순함으로 언제나 매도당했습니다.

세상은 우리에게 선대의 잘못들까지 모두 뒤집어쓴 채 그렇게 입을 다물고 조용히 있을 것을 강요했고, 이에 이의를 제기하려 하는 이들은 언제나 여혐주의자, 복고주의자, 극우, 대안 우파 따위의 불편한 꼬리표를 감내해야만 했습니다.

눈에 보이지 않은 채 공기처럼 만연한 건 여성 혐오가 아니라, 모든 남성을 여성 혐오의 가해자로 매도하려는 무수한 압력들이었습니다.

오늘날 2030 남성들의 분노는 바로 이러한 맥락 속에서 형성되었습니다. 그리고 다시 한번 이야기하지만, 이는 물리적, 물질적인 문제이기 이전에 정신, 문화, 관념적인 억압의 문제입니다.

아마 상위 세대 여러분들은 내심 2030 남성들이 사회가 요구하는 모든 죄의식을 말없이 수긍함으로써 그냥 젊은 남성들이 모든 걸 받아들이고 무릎을 꿇어 주는 쪽으로 이 젠더 갈등의 시끄러움이 종식되길 바랄지도 모르겠습니다. 그러나 반복하는 말이지만 그것은 우리가 수용할 수 없는 요구입니다. 우리는 우리가 납득할 수 없는 죄의식을 수용할 수 없습니다. 우리는 남성이라는 이름 그 자체를 원죄로 만들려는 이들의 요구를 수용하지 않을 것입니다.

그러면 작금의 젠더 갈등을 완화·종식하기 위해선 어떤 변화들이 있어야 할까요?

많은 문제가 정신·문화적인 측면으로부터 발생했기 때문에, 정신·문화적인 측면을 고려한 처방 제공이 무척 중요합니다. 고로 우리는 차기 정부의 집권 기간에 다음과 같은 변화들이 일어나길 바랍니다.

그동안 '여성은 언제나 피해자, 남성은 언제나 가해자'라는 관념 아래 사회적으로 남성들에게 만성적인 죄의식을 주입하려는 너무나 많은 부당한 시도들이 있었다는 것을, 대표성이 있는 인사가 공개적으로 인정하는 변화가 일어나길 바랍니다. 그 부당한 압력들이 젊은 남성들에게 너무나 많은 상처를 주었음을 공식적으로 인정받길 원합니다.

만약 이것이 너무나 힘들고 어려운 일이라 도저히 실현할 수가 없다면, 최소한 2030 남성들의 목소리를 공론장에 올려주기라도 해 주십시오. 우리가 정말로 죄인인지, 우리에게 강요한 죄의식이 과연 정당한지 따져볼 수 있도록 공개적이고 공정한 재판 및 변론의 기회라도 제공해 주십시오. 피고의 항변이 허락되지 않는 재판은 근대 법치주의 정신에도 어긋나지 않습니까? 그리고 언론과 매스컴, 각종 문화·교육 현장에서 '남성을 규탄하는 목소리'와 동등한 수준의 지분으로 항변할 기회가 주어지길 바랍니다.

그동안 정신적으로 억눌린 2030 남성들에게 적어도 이 정도의 배려쯤은 해주어야 이들의 분노가 완화될 것이고, 젠더 갈등 해소의 돌파구 역시 마련할 수 있을 것입니다.

물론 지금까지 목소리를 허락받지 못했던 이들의 목소리를 허용하면 일시적으로는 조금 더 시끄러워질지도 모릅니다. 하지만 구더기 무서워서 장 못 담그는 어리석음은 피합시다. 그 시끄러움이 두렵다고 해서 그동안 억눌린 목소리를 끝까지 외면하거나 과거처럼 똑같이 억누르는 방향만을 고수한다면, 그간 억눌린 분노는 종국에 가장 뒤틀리고 불안정한 모습으로 폭발하듯 표출될 수밖에 없을 것입니다. 정말 그렇게 될 경우 그로 인해 사회가 입게 될 상흔은 실로 한 세기의 시간으로도 치유되기 어려울 것입니다. 丕

문재인 정부 이전부터, 현재까지 여성을 위한답시고 내미는 정책들을 보며 이건 전혀 현실적으로 체감도 안되고, 대다수의 여성들이 바라는 사회와는 동 떨어져있다는 생각이 들었습니다. 오죽하면 역으로 남성을 차별하는 거 아닌가? 하는 말들이 오프에서 나올까요. 여성을 위한~ 여성의~ 여성만의~ 이런 편파적인 무언가를 바라는게 아닙니다. 여성이고 남성이고 성별을 떠나서 오직 실력으로 평가받을 수 있고 현실의 불편함을 줄여주거나 없애는 제도적 장치를 바라는 겁니다.

'딴지일보'에 올라왔던 모 20대 여성 회원의 글. 문화 관념적인 측면에서 '여성'이라는 워딩이 극도로 강조되었던 몇 년 동안의 추세가 실제 '여성'들에게 그렇게 유쾌하게 다가왔을지도 의문이다.

왜 민주당은 페미니즘을 '손절'하지 못하나

민주당 사정을 잘 아는 익명의 내부 관계자

"한 번 함께 읽어보시지요. '2030 남자들이 펨코에 모여서 홍을 지지한 이유'."

　지난 11월 10일, 더불어민주당 이재명 대선 후보가 자신의 페이스북에 하나의 글을 공유했다. 아무 코멘트도 붙이지 않은 채 함께 읽어 보자는 말만 붙였지만, 파장은 꽤 컸다. 2030 남성의 마음을 얻기 위해선 문재인 정부의 친(親) 페미니즘 정책과 거리를 둬야 한다는 내용이었기 때문이다.

　몇몇 언론과 청년층 커뮤니티에서는 이재명 후보가 '페미'를 손절하고 소위 비페미 정서로 똘똘 뭉친 '이대남'과 손을 잡겠다는 신호를 준 것으로 이해했다. 그러자 캠프 내의 민주당 여성 의원들을 중심으로 후보의 행동이 경솔했다는 문제 제기가 이어진 것으로 알려졌다. "글을 당장 내려야 한다"고 주장한 사람들도 캠프 내부에 있을 정도였다.

　이런 반발에 이재명 후보는 "동의해서는 아니고 읽어 보자는 차원"이라고 한 발 물러서야 할 정도였다. 같은 날 관훈토론회에서는 "우리 사회에서 남녀 간 차별과 격차는 실제로 현존한다"며 페미니즘 진영의 반발을 누그러뜨리려는 모습도 보였다.

민주당의
자아성찰은
페미니즘 앞에서
멈춘다

대선 후보가 간접적으로나마 (물러서긴 했지만) 페미니즘 손절을 언급할 정도로, 민주당 내에서도 페미니즘은 뜨거운 감자다. 이런 고민이 본격화된 것은 4.7 재·보궐 선거 이후다. 불과 4년 전 촛불로 보수 정권을 끌어내렸던 청년들이 '국민의힘' 후보를 찍을 것이라고는 민주당 누구도 생각지 못했다.

　사석에서 만난 한 민주당 청년 의원은 선거 전날까지도 "아무리 그래도 청년들이 국민의힘 찍겠어?"라는 안일한 현실 인식을 보였다. 모든 여론 조사가 민주당 참패를 가리키고 있었는데도 말이다. 그 정도로 2030이 '국민의힘'을 지지한다는 것은 부정하고 싶은 현실의 영역이었다.

방송3사 출구 조사에 따르면 20대 남성 72.5%, 30대 남성 63.8%가 국민의힘 오세훈 후보에게 표를 던졌다. LH와 부동산 정책, 정부에 대한 종합적인 실망감 등 여러 요인이 있었지만 최소한 2030 남성들에게는 민주당과 문재인 정부의 '페미니즘 편향 정책'의 영향을 부정할 수 없는 상황이었다.

이는 반대로 국민의힘이 어떻게 2030 남성의 지지를 얻었는지 보면 알 수 있다. 국민의힘은 2030남성의 목소리를 검열 없이 유세차 위에 올렸고, 한 시민단체가 요구한 '성평등' 질의에 대해 "시대착오적 페미니즘을 강요하지 말라"고 거부했다.

이런 선거운동을 주동했던 이준석은 선거 후에도 계속 SNS를 통해 페미니즘을 비판하는 목소리를 냈고, 그 동력으로 청년들의 지지를 이끌어내 30대 제1야당 대표에 취임했다.

하지만 민주당과 페미니즘 진영은 눈앞에 보이는 현상을 부정하기 바빴다. 민주당 지지층 사이에서 금기에 가까운 조국 전 장관 책임론까지도 거론했던 초선 의원들의 용기는 페미니즘 앞에서 멈췄다. 문재인 정부의 부동산 정책이 잘못됐다고 외치며 정책을 수정하자던 내부의 비판은 페미니즘 앞에서는 적용되지 않았다.

전해 듣기로는 한 용기 있는 초선 의원이 페미니즘 이야기를 2021년 보궐 선거 결과를 반성하는 입장문에 넣어 보자고 제안했지만 동료 의원들의 강한 반대에 부딪쳤다고 한다. 민주당의 진정한 금기가 무엇인지 알 수 있는 대목이다.

한 발 더 나아가 급기야 여성계와 민주당 일각에서는 남성들의 목소리는 외면한 채 '20대 여성'의 목소리를 더 들어야 한다는 주장이 등장했다.

> **"민주당, 등 돌린 20대 남성 아닌 20대 여성 봐라. 민주당이 나아가야 할 길은 국민의힘으로 지지를 돌린 20대 남성 유권자가 아니라 그럼에도 민주당에 표를 던진, 다른 선택을 한(소수정당 투표) 20대 여성 유권자에게 응답하는 길이어야 한다."**
> 젠더정치연구소 여세연, 2021.4.8. 논평

> **"'민주당이 여성정책이나 페미니즘 이슈에만 올인해서 20대 남성들이 떠나갔다'는 일각의 편협한 주장이 과도하게 부각돼 힘을 얻는 순간, 젠더 이슈와 정책에 대한 공론장은 좁아지고 성평등 사회로의 진보는커녕 후퇴가 이뤄지는 부작용이 생길까 매우 우려스럽다."**
> 박성민 민주당 청년최고위원,
> 2021.4.12. 한겨레 인터뷰

> **"여성 청년들의 뜨거운 절규에 응답하지 못했던 모자람이 너무나 부끄럽습니다."**
> 권인숙 의원, 2021.4.8. 페이스북

국민을 대표하는 정당이기에 당연히 주권자인 20대 여성의 목소리에도 귀를 기울여야 한다. 문제는 청년 남성들을 중심으로 한 '반페미니즘' 정서의 핵심이 '남성과 여성을 불공정하게 대우한다'는 데 기인함에도 선거 결과를 두고 반성할 때마저 특정 성별의 목소리에만 집중했다는 것이다.

민주당이 정신 못 차렸다는 징후는 곳곳에서 쏟아졌다. 민주당 전국여성위원회는 보궐 선거가 끝난 지 한 달도 지나지 않은 5월 2일, 당 대표 후보들에게 '지역구 30% 여성 공천 이행'을 당론으로 삼으라는 제안서를 보냈다.

놀랍지 않은 일이다. 보궐 선거가 한창 진행 중이던 2월에도 민주당 여성 의원들은 지역구 국회의원 공천에서 여성 비율이 40%를 넘도록 의무화하는 법안을 발의했다. 청년 남성들이 가장 크게 반발하고 있는 페미니즘 편향 정책이 '고위직 여성할당제'임에도 불구하고 말이다.

친민주당 성향 커뮤니티 '클리앙' 게시글 캡처. 보궐 선거 직후 민주당이 페미니즘과 손절해야 한다는 문제의식이 핵심 지지층까지 확산됐다.

친페미 시민단체는 민주당의 정치인 사관학교

민주당이 '페미니즘' 주식을 손절매하지 못하는 이유는 무엇일까? 더 자세히 말하자면, 전통적으로 범진보 진영의 강력한 지지자인 2030 청년의 최소 절반 이상을 날려 버리고, 핵심 지지층인 4050 남성들까지 반발하는 페미니즘 편향을 손절하지 못하는 이유는 무엇일까?

보수 정당인 국민의힘의 상황에 빗대어 생각해 보자. 정치권에서 일하며 한동안 풀리지 않던 의문이 하나 있었다. 바로 '국민의힘 계열의 보수 정당은 왜 저렇게 검찰 편을 들까?'였다.

검찰 같은 비선출-엘리트 권력의 힘이 강화될수록 선출 권력의 힘은 줄어들 수밖에 없다. 정치인의 명운을 국민이 아니라 검찰 수사가 결정하는 사회에서 누가 갑이고 누가 을이 되겠나. 그런데도 보수 정당은 검찰개혁 이슈가 터질 때면 항상 검찰을 방어하는 편에 선다.

이유는 간단하다. 검찰이 보수 정당 입장에서 일종의 '정치인 사관학교'이기 때문이다. 정치 검사들이 검사복 벗고 난 뒤에 찾는 다음 일자리 중 한 곳이 보수 정당이다. 사실상 이해관계를 공유하고 있다는 것이다. 자당의 대선 후보로 아무 정치 경력도 없는 전직 검찰총장을 세울 수 있는 당이 바로 국민의힘이다.

민주당에도 정치인 사관학교가 있다. 바로 여성단체를 포함한 각종 시민단체다. 비례 대표 후보자 명단에 각종 시민단체 출신이 몇 명인지 한번 세어 보면 금방 알 수 있다. 국민의힘에게 검찰을 손절하라는 말은, 민주당에게 페미니스트를 비롯한 여성 단체 등과 손절하라는 말은, 육군더러 육군사관학교와 손절하라는 말과 같다.

장강명 작가는 2020년 6월 10일 중앙일보 칼럼 '대한민국 주류 교체와 두 파산'에서 양당의 차이점이 '인재 채용 방식'에 있다고 지적했다.

"(국힘 같은) 구주류는 주로 시험과 상속으로 구성원을 영입한 반면 (민주당으로 대표되는) 신주류의 채용 방식은 그보다는 열려 있었고 아스팔트에 가까웠다. 학생운동, 시민단체, 팟캐스트, 트위터로도 신주류에 합류할 수 있었다."

그러다 보니 민주당 비례 대표 순번을 정할 때마다 이를 둘러싼 갈등이 벌어지곤 한다. 2020년 총선에 여성계 대부라 불리는 모 의원이 리스트를 들고 민주당의 회의장에 나타났다고 한다. 여성계에서 활발히 활동하는 인물들의 신상이 적힌 리스트였다. 리스트에 나온 페미니스트 성향의 여성 정치 꿈나무들을 민주당 비례 대표 몫으로 할당해 달라는 요구였다.

사실상 다른 비례 대표 몫을 죄다 빼고 그 몫을 여성들로만 채우라는 요구에 가까웠다. 선을 넘는 요구였지만 남성 의원들은 '여성의 정치 참여 증진'이라는 대의 앞에 제대로 반박하지 못했다. 다행히도 이를 지켜보던 다른 여성 의원이 일갈했다. "너, 우리 당 망하게 하려고 작정했냐?" 여성 의원이 나서서 강력히 반대한 덕분에 그 리스트는 현실화하지 않았다.

'페미니즘은 돈이 된다'는 말이 있지만, 정확히 말하면 페미니즘은 네트워크이고, 일자리고, 따라서 권력이다. 같은 학교라고 잘 대해 주고, 동네 후배라고 챙겨 주던 남성 중심 '의리' 문화에 맞서 여성주의가 정치권력을 장악할 수 있는 대안적인 시스템을 발명했다고 볼 수 있다.

페미니즘이라는 이념을 공유하는 시민단체·여성 단체 소속의 정치 꿈나무들이 비례 대표 국회의원 자리를 중심으로 민주당에 주기적으로 수혈된다. 이들이 모여 고위직 할당제, 페미니즘 이념 교육을 강화하는 법안을 발의한다. 관련 예산이 늘어나고, 그에 따라 페미니스트들의 일자리도 늘어난다. 서로 밀어주고, 끌어 주고, 당겨 주는 구조다.

민주당 정치사관학교를 통해 유입된 정치인들이 법을 만들어 예산을 결정하고, 그 혜택을 받는 수많은 페미니스트 학자와 연구자들이 친페미니즘 논리를 만들어 언론 등을 통해 유포하고, 그런 여성들의 목소리를 반영하자며 다시 정치인들이 움직인다. 마치 뫼비우스의 띠처럼 벗어날 수 없도록 정교하게 짜여 있다.

이런 뫼비우스의 띠에서 벗어나려면 큰 용기가 필요하다. 걸어가던 로봇 태권브이의 조종간을 장악해서 멈추고 다른 방향으로 바꾸려 하면 무슨 일이 벌어질까? 얼마 전까지 동료라고 생각했던 사람들이 '반페미', '여성 혐오자'라며 비판을 가하고, 언론 지면을 통해 페미니스트 학자들이 난타한다. 이재명 후보가 글 하나 공유했다고 무슨 큰일이라도 난 것처럼 민주당 여성 의원들이 호들갑을 떨고, 정의당 같은 페미 정당이 공격하고 그러면 이를 언론이 받아써서 전달하는 것처럼 말이다.

가만히 있으면 편하고 안전하게 아무 일 없이 정치할 수 있는 상황에서 이런 엄청난 짓을 벌일 용기 있는 정치인은 많지 않다. 이준석 같은 비(非)페미니즘을 기치로 내세우는 정치인이 국민의힘에서 먼저 나올 수 있었던 이유다.

페미니즘은 집토끼, 2030 청년은 산토끼

이쯤 되면 한 가지 의문이 들 수 있다. 일관되게 페미니즘에 반대하는 여론이 높아지고 있지 않은가? 6월 14일에 발표된 한국일보·한국리서치 여론 조사에 따르면 30대의 73.7%, 40대의 65.9%가 '페미니즘·페미니스트에 거부감이 든다'고 답했다. 심지어 여성 42.8%도 같은 응답을 했다. 이대남이 가진 페미니즘에 대한 반감이 윗세대로 확산되고, 심지어 여성들 사이에서도 페미니즘에 대한 거부감이 높아지고 있다는 뜻이다.

정치인들은 민심 따라 움직인다는데 민심과 역행할 정도로 친페미니즘 세력의 힘이 센 것일까? 이때 생각해야 할 것이 있다. 여론의 흐름 못지않게 중요한 것이 여론의 강도다.

'차별금지법'을 예로 들어보자. 차별금지법에 찬성하는 정의당 같은 정당은 '국민 88.5%가 차별금지법에 찬성했다'는 여론 조사 결과를 자주 인용한다. 하지만 그 말은 사실 레토릭에 불과하다. 국민 10명 중 9명이 동의하는 법안이 왜 국회에서 번번이 처리되지 않을까?

반대 여론은 콘크리트인데 찬성 여론은 모래알이기 때문이다. 여론 조사에서 '차별금지법 찬성하세

차별금지법 반대의 여론 또한 분명히 존재하며, 이들의 의지는 단단하다. (사진 진평연)

요?'라고 물으면 찬성한다고 답하겠지만, 머리에 띠 두르고 국회의원들에게 '문자폭탄' 보내며 차별금지법 제정 운동을 할 사람은 많지 않다는 뜻이다. 반면 보수 기독교계는 매우 집단적이고 조직적이고 집요하게 차별금지법 반대 운동에 나서고, '차별금지법은 동성애 허용법' 따위의 반대 논리를 유포한다.

국민 10명 중 8-9명이 찬성하는 '수술실 CCTV 의무화' 법안의 국회 통과가 힘들었던 이유도 마찬가지다. 찬성하는 국민이 압도적이지만 반대 여론은 '의학계'라는 이해관계 집단을 중심으로 똘똘 뭉쳐서다. 이재명이라는 유력 대선 주자와 민주당 지도부가 꾸준히 이 의제를 핵심 민생 개혁 의제로 다루고 이에 대한 국민의 견고한 관심이 꾸준히 이어졌기에 강한 반대를 뚫고 법안이(그나마도 많이 수정된 상태로) 통과될 수 있었다.

페미니즘 이야기로 돌아와 보자. 비페미니즘 여론은 페미니즘 진영의 여론만큼 결합력을 갖고 움직이지 않는다. 2021년 4.7 보궐 선거, 이준석 당 대표 당선, GS25 손가락 사태 등의 사건이 있었으나 이들은 최근에서야 벌어진 일이며 아직까지는 페미니즘 진영만큼 조직적 움직임을 갖는다고 보긴 힘들다.

말하자면 페미니스트는 민주당 입장에서 이미 잡고 있는 집토끼다. 손에서 놓으려 하면 모든 화력을 동원해서 놓지 말라고 큰 목소리를 내고, 너네 대신 정의당이나 녹색당을 찍겠다며 협박한다. 반면 2030 청년 남성은 손에 잡은 토끼를 놔야만 잡을 수 있는 산토끼다. 집토끼를 버리면서까지 산토끼를 잡을 수 있다는 확신이 없는 것이다.

민주당이 대단한 결단을 품고 2030 남성과 비페미니즘 여론을 무시하는 게 아니라, 사실 두려워하고 있다는 뜻이다. 아마 민주당 지도부는 겪은 적 없는 미지의 상황에 처해 어쩔 줄 몰라 하거나 나 몰라라 하고 싶은 심정일 것이다. '저놈들 보수 아냐?' '괜히 여성 표만 놓쳐 버리는 거 아냐?'

2021년 4.7 보궐 선거 이후 많은 언론이 페미니스트 스피커들을 불러 놓고 '이남자 현상'에 대해 질문하며 민주당을 대상으로 가스라이팅을 시전한 것도 같은 맥락에서 이해할 수 있다. 청년 남성들은 '페미니즘 때문에 민주당이 진 거 아니다'는 결론을 성급하게 내고 싶은 언론의 편견 가득한 인터뷰라고 분노했지만, 사실 언론 입장에서 굳이 변호하자면 이준석 정도를 제외하면 '누굴 불러야 할지 모르겠다'는 말이 더 정확하겠다.

비페미 혹은 반페미 진영의 대표자는 누구지? 대

표적인 조직과 단체는 어디에 있지? 있다 한들 그 사람과 조직의 대표성이 검증된 것일까? 페미니스트야 오랫동안 언론에 나오고 정치인, 학자처럼 공적 권위를 가진 인물들이 있는데 그 반대편에는 누굴 불러야 하지? 이 의문이 아직 해소되지 않은 것이다. 이것이 지금 민주당을 비롯해 넓은 의미의 민주진보 진영 전체가 마주한 딜레마이다.

페미니즘
정치를
소수파로
만들자

그렇다면 정말 민주당에는 답이 없는 걸까? 온라인의 '안티페미' 전사들이 하는 말처럼 민주당은 페미니즘의 숙주 같은 존재이기에 페미니즘에 반대하는 2030 청년들은 보수 정당으로 힘을 모아 주면 되는 것일까?

솔직히 답은 잘 모르겠다. 하지만 한 가지 확실히 말할 수 있는 것이 있다. 페미니즘으로 대표되는 정체성 정치를 근절하려면 민주당에서도 페미니즘을 비판하는 목소리가 나오고, 그 안에서 치열한 토론이 붙어야 한다. 그런 용기 있는 정치인을 발굴하고, '잘하고 있다'는 응원이 나와야 한다. '그래봤자 민주당이지'라는 냉소 대신에 말이다.

'반(反)정체성 정치' '비(非)페미니즘'이 보수 정당만의 주요 가치가 되면 페미니즘은 고작 '절반의 패배'만 하게 된다. 혁명적 변화가 없는 한 대한민국 정치는 양당 간의 세력 교체로 진행된다. 민주당에서도 비(非)페미니즘의 기치가 세워져야 페미니즘 정치를 완전히 소수파로 만들 수 있다.

굳이 희망을 한 가지 찾자면, 민주당은 진보 정당과 달리 '생계형 페미니즘'을 추구한다는 것이다. 정의당 같은 진보 정당이 '이념형 페미니즘'을 내세우는 것과 달리 민주당은 생계에 위협이 가는 순간 아무렇지 않게 이념을 바꿔 버릴 수 있는 정당이다. 박원순 전 시장 사건에 대해 민주당 페미니스트들이 주춤거렸던 이유도 이들이 이념형이 아니라 생계형이라는 증거이다.

복지라고는 1도 관심 없던 당시 민주당 의원들이 2011년 당시 무상급식이 핫이슈가 되자 TV에 나와 무상급식 예찬론자로 돌변하고, 어제까지 기본소득을 반대하던 국회의원이 이재명과 함께하기로 결정한 다음 날부터 기본소득 찬성론자가 될 수 있는 당이 민주당이다. 비(非)페미니즘으로 청년 지지를 실제로 끌어모은 민주당 정치인이 딱 한 명만 나타난다면, 아마 민주당 내에서 눈치를 보던 이들은 도미노처럼 넘어갈 것이다.

관련해서 광의의 민주진보 지지층에게 몇 가지 팁을 드리고 싶다. 민주당 안에서 '비(非)페미니즘' 혹은 '반(反)페미니즘'의 기치를 내걸 때 지켜야 할 원칙이 있다.

첫 번째 원칙은 '청년 남성의 지지를 받을 수 없다'는 말보다 '청년 여성과 4050 남성이 돌아설 것이다'는 말이 민주당 사람들에게는 더 강력하다는 것이다. '집토끼도 너흴 버릴 수 있다'는 협박이다.

한 민주당 여성 의원이 '우리의 핵심 지지층인 4050 남성들 사이에서도 페미니즘에 반대하는 여론이 높아지고 있다'며 진심으로 걱정하는 모습을 본 일이 있다. 특히 비페미니즘 진영의 대표 선수인 이선옥 작가가 출연하는 김용민TV 방송이 민주당 지지층의 여론에 영향을 미친다며 두려워하는 모습이었다.

여기에 더해 여성들마저 페미니즘에 반감을 느끼고 있다는 점이 확인될수록 페미니즘 정치의 정당성과 대표성은 상실된다. 그래서 사실 민주당 내부의 '비(非)페미/반(反)페미'의 기치를 여성 정치인 자신이 내거는 것이 가장 효과적이다. 이는 페미니즘 정치를 곧장 소수파로 만드는 방법이기도 하다. '너희가 손에 쥐고 있다고 생각한 집토끼들, 진즉에 문 열고 나가 버렸다'고 폭로하는 작업이기도 하다. 손에 쥔 작은 것(페미니즘)을 놓으면 2030 청년 남녀들이 모두 모여 있는 광야로 달려갈 수 있다고 말해야 민주당이 좀 더 용기를 낼 수 있을 것이다.

두 번째 원칙은 '반페미' 혹은 '비페미'가 무엇인지를 넘어서 그럼 민주당이 표방해야 할 청년 정치가 무엇인지 알려주는 것이다. 정당은 늘 '그럼 뭘 해야 하지?'라는 질문을 던진다. 페미니즘, 정체성 정치, 젠더 정치를 하지 말자는 건 알겠는데, 그럼 청년 남녀의 마음을 얻기 위해 무엇을 해야 하는가?

그리고 그 '무엇을 해야 하는가'의 문제에서 국민의힘보다 더 나아져야 한다. 이준석은 '그 무엇'을 할 당제 폐지로 내걸었다. 그 대안에 나 역시 동의하지만, "보수 정당 따라하라고?"라는 반응이 뻔한데, 민주당이 이것을 그대로 받을 이유는 없다. 민주당 사람들은 기본적으로 자신들이 국민의힘과는 다른 가치, 더 나은 대안을 추구한다는 사실에서 정치하는 맛을 느끼는 사람들이기 때문이다(실제로 그들이 그런 정치를 하고 있는지는 여기서 논외로 하자).

답은 이미 나와 있다. 결국 남녀 모두가 지지하는 공정한 성평등 정치가 세상을 바꿀 수 있다고 공개적으로 말하는 것이 민주당이 나아가야 할 길이다.

청년 여성도, 청년 남성도 모두 각각의 불만이 있다. 이 각각의 불만을 공정하게 대접한다는 대(大)원칙 하에서 민주당은 젠더 갈등이 사회적으로 심각한 문제임을 공개적으로 인정하고, 집권 여당으로서 '젠더 갈등을 고려'한 정책 집행의 구체적인 기준들을 세워야 한다. 지역 갈등, 세대 갈등을 고려하듯 정책을 집행할 때 여성과 남성 각각의 플러스-마이너스를 정확히 따져보는 원칙 같은 것 말이다.

더 나아가 이제는 민주당도 여성 단체를 찾아다니면서 지지 선언을 구걸할 생각은 접는 태도가 필요하다. 지난 2021년 4월 7일 재·보궐 선거 직후, 민주당 소속으로 대선을 준비하던 한 캠프의 관계자가 "괜찮은 여성 단체 좀 없을까?"라고 물어온 적이 있다. 그러나 민주당이 '여성 단체'를 찾으며 표를 구걸하는 순간 그 단체의 이해관계, 즉 페미니즘적 요구와 얽히게 된다. 그러나 여성이냐 남성이냐의 요구에 얽매이는 것이 아니라 노동, 복지의 관점에서 여성이건 남성이건 일상에서 겪는 공통의 불공정을 바로잡고 다수가 '합의 가능한' 것들부터 180석의 힘으로 해내는 일이 먼저다.

여성할당제와 여성 임원 강제 확대가 아니라 여성 경력 단절 예방에 주력하면 청년 남성들이 반대할까? 아니다. 여성 말고 남성도 육아휴직을 할 수 있도록 하자는 주장에 청년 남성이 반대할 리 없다. 군 가산점에 반대하는 청년 여성도 군 임금 인상과 전역 퇴직금 지급에는 동의한다. 이건 특정 성별에 대한 우대의 문제가 아니라 노동에 대한 공정한 대가, 모두가 겪는 보편의 문제로 여기고 있기 때문이다.

늘 논란이 되는 무고와 성범죄 문제도 마찬가지다. 아무리 정신 나간 청년 남성이라 해도, 성범죄자를 처벌하지 말자고 주장하지 않는다. 또 일부 래디컬 페미니스트들을 제외하면 다수 청년 여성들도 성범죄 무고 처벌 강화에 동의한다. 따라서 '성범죄 처벌 강화+무고죄 처벌 강화'를 패키지로 처리하면 된다.*

성범죄 및 무고에 대한 청년층 여론조사 (단위: %)

성별	연령	성범죄 처벌 강화		무고한 피의자에 대한 안전장치 강화	
		찬성	반대	찬성	반대
남성	19~24	83.9	14.1	96.8	1.3
	25~29	77.4	17.1	86.1	10.9
	30~34	74.1	17.7	88.8	5.4
	35~39	81.0	13.1	95.0	4.4
여성	19~24	85.8	11.8	65.5	26.4
	25~29	92.8	4.0	79.9	17.3
	30~34	86.6	12.3	83.7	11.5
	35~39	92.0	2.0	91.9	2.9

자료 : 리서치뷰(2019.05)

아직 기회는 있다

솔직히 말하자면 국민의힘 후보가 홍준표가 되었으면 이번 선거는 볼 것도 없이 끝났으리라 생각한다. 전통적인 6070 지지층에 이준석·홍준표로 대표되는 2030 지지층에 더해져 세대 연합을 이뤘다면 이재명이 아니라 이재명 할아버지였어도, 고 노무현 전

대통령이 살아 돌아왔어도 이길 수 없었을 것이다.

하지만 다행인지 불행인지 국민의힘은 윤석열이란 불확실한 상품을 선택했다. 나중에 '손절'당했지만, 한때나마 이수정 같은 극렬 페미니스트를 선대위원장으로 앉히며 2030 남성 유권자들을 동요시킨 적이 있다. 이준석 대표가 그 흔들리는 마음을 붙잡으려 고군분투했지만, 앞으로 또 다른 기회가 민주당에게도 열릴 수 있다.

물론 아직 청년들은 여전히 국민의힘 지지자가 아니라 무당파에 가깝다. 2021년 4.7 서울시 보궐선거 당시 20대 남성 72.5%가 국민의힘에 투표했다(출구조사 기준). 민주당 입장에서야 기겁할 일이지만 4.7 보궐 선거는 또한 이례적으로 20대 투표율이 낮은 선거이기도 했다. 청년 남성들이 민주당에 학을 떼고 보수 정당 지지로 돌아섰다고 해석할 수도 있지만, 그만큼 민주당을 지지했던 청년들이 투표를 포기했다는 해석도 가능하다.

그렇다고 해서 후자의 해석을 '지금까지 민주당이 가졌던 젠더 정책에는 문제가 없었다'는 식의 속편한 정신 승리로 가져가면 안 된다.

이제는 인정할 때가 됐다. 페미니즘 투자는 '매몰 비용'이다. 미래의 주류세대인 청년 세대의 지지를 얻지 않고서도 집권할 수 있는 정당은 존재하지 않는다. 확실한 것은 이제 페미니즘이 안정적으로 청년 세대의 지지를 확보할 수 있는 다수파 전략이 아니라는 것이다. 지금까지 들인 시간이 아까워서 손에 쥔 것을 놓지 못하는 '매몰 비용의 오류'는 민주당의 존립 근거를 흔들 것이다. 더 늦어선 곤란하다. 이번 대선이 마지막 기회가 될 것이다. 不

* 원고를 편집하는 시점에 해당 의제는 국민의힘이 선점하고 말았다. 1월 6일 윤석열 대선 후보는 자신의 페이스북에 "성범죄 처벌 강화, 무고죄 처벌 강화"라는 글을 게시했다. (편집자 주)

MZ 세대라는 '오랑캐'
- 청년에게는 젠더, 게임이 민생이다

김어용

실명으로 자유롭게 글 쓰다가 사회의 매운맛을
강렬하게 체험한 후, 나 스스로를 위한 어용필자
김어용이 되었습니다. 나의 글은 불편하게
느껴질 수 있습니다. 나는 정의로운 당신이
아니라 당신의 순수한 정의로움을 자기 배
불리는 데 쓰는 정의롭지 못한 자들을 때립니다.

1. MZ세대란 무엇인가

MZ세대는 1981~1996년생까지의 M세대, 그리고 1997~2010년생까지의 Z세대를 합쳐 1981~2010년생, 총 30년간 태어난 사람들을 칭하는 단어라고 한다.

1955년생과 1969년생을 묶어서 '한 세대'로 지칭하면 그들은 쉽게 받아들일까? 1930~1960년생을 하나로 묶는다면 어떨까? 그 그룹은 뭐라고 지칭해야 할까?

MZ세대의 일부인 M세대, 즉 1981~1996년생을 한 그룹으로 묶는 것부터 무리다. 교육부터 전혀 다르게 겪었다. 1981년생들은 국민학교 시절부터 단체 행동과 체벌, 강압적 수련회와 군대식 조회에 익숙한 교련 세대라면 1996년생들은 교사의 감정적 행동 앞에 바로 휴대폰 꺼내 녹화하고 교육청에 고발할 줄 아는 세대다.

이런 말을 꺼내는 것조차 조심스러운 것이, 시간이 갈수록 어떤 세대는 어떠하다는 통일성, 정체성이 희미해지기 때문이다. 81년생에게 강압적, 폭력적 학교생활은 대체로 공통적인 경험이지만, 96년생이 교사를 교육청에 고발하는 일은 말 그대로 케바케 사바사였다. 생년이 같다고 해서 한 그룹으로 묶는 것도 힘들어진 것이 90년대생이라고 생각한다.

같은 나이를 가진 사람들일지라도 사회가 발전함에 따라 점점 더 다양화, 세분화, 확장된 사회경제적 배경, 교육, 그리고 그에 따른 각자의 경험을 통해 개개인의 개성이 뚜렷해졌다. 아니, 90년대에 60~70년대생들이 그렇게 좋아했던 '개성', '나는 나야' 내지는 '튀는 아이' 등은 이제 더 이상 쓰이지도 않는 말들이 되었다. 나는 너와 다르다는 것은 굳이 설명하지 않아도 되는 당연한 일이 되었으니까.

1997~2010년생에 대해서는 말을 않으련다. 더하면 더했지 덜하진 않을 거라는 예상만 할 뿐.

2. 586의 욕망이 투영된 'MZ세대'론

그렇다면, 이 'MZ세대'라는 단어는 누가 어떻게 쓰는 단어일까?

언론에서 'MZ세대'라는 단어를 쓰는 경우를 보면, 주로 마케팅이나 제품 판매에서 고객층을 칭할 때, 그리고 드물게 사회갈등, 즉 노사 및 정치 관련 주제에서 세대 차이를 보여주고자 할 때 쓰인다.

마케팅에서 이 개념을 차용하는 것부터 잘못되었다. 81년생과 91년생, 01년생과 10년생을 하나로 묶어서 '그 세대'에게 마케팅하다니? 10살, 20살, 30살, 40살이 공통적으로 좋아할 만한 상품이나 마케팅이 존재하긴 하는 건가. 초등학생, 대학생, 사회초년생, 아이 부모가 공통으로 좋아하는 상품이라니. 뽀로로나 김연아 정도 아니면 불가능하다. 아기 상어나 싸이, 유재석도 힘든데. 이런 생각부터가 환상이다.

사회 문제에서의 MZ세대론 또한 헛다리일 수 밖에 없다. 10살, 20살, 30살, 40살을 관통하는 시대정신이 도대체 뭐가 있을까. 'MZ'가 아닌 사람들, 즉 기성세대를 제외하고 'MZ' 내부의 갈등을 진단하는 것이 사회적으로 더 유익할 것 같다.

말이 되냐고? 전후 세대와 386, X세대를 묶으면 대충 30년이 된다. 그 정도의 범위를 묶어서 MZ라고 보고 있는 거다.

MZ란 서로 공통점이나 연대감, 소속감을 느끼는 집단이 뭉치며 자칭한 것이 아니라 누군가 외부에서 '쟤네들'이라고 칭하는 단어이다. 실제 주위에 있는 'MZ세대'에게 물어보시라. 당신은 MZ세대냐고. 언론에 보도되는 'MZ세대의 특징'에 얼마나 동의하냐고.

그러니까, 'MZ'라는 건 586의 기준, 586의 시선이 투영된 개념이다.

40~50년대생들은 퇴출시켜야 할 적폐 전후 세대, 우리 586은 진보적, 혁신적, 아직은 젊은, 아직은 이룰 것이 남은 사회 혁신 세력, 70년대생 X세대들은 우리보다 조금 더 스타일리시하고 멋진, 조금 외국물 먹은, 조금은 타락한 친구들.

80년대생의 밋밋함과 달리 성향 뚜렷한 90년대생들이 등장하니, 그들이 보여주는 기존에 가지고 있던 세계관에 전혀 들어맞지 않는 괴랄함에 586은 당황한다. 이들은 하필 586의 자식 세대이기도 하다. 이들을 80년대생과 도매금으로 묶어서 애매한 호칭으로 부르다가, 아예 나머지랑 전부 묶어서 미국 쪽에서 쓰이는 단어를 차용해 부르기 시작한 게 한국의 'MZ'라고 생각한다. 정의할 수 없는, 낯설어서 대화조차 어려운 녀석들.

옛날 중국이 중원과 제후국을 뺀 나머지를 동이, 서융, 남만, 북적 등으로 부르다가 귀찮으니 '오랑캐'로 퉁친 것과 닮았다.

또한, 우리나라가 아직 존재감 없던 개도국 시절, "외국에서는~" 이라는 말로 존재할 수 없는 유토피아를 그리던 것과도 많이 닮았다.

미국의 자본력과 프랑스의 고오급 문화와 이태리의 패션과 영국의 신사도와 북유럽의 복지와 호주의 해변을 가진 그 이상향의 나라는 실제로는 존재하지 않지만 "외국에서는 이런 일은 상상조차 할 수 없지" 내지는 "외국 사람들이 보면 뭐라고 하겠어" 등의 발화 속에서 자주 소환되며, 주로 나쁜 일을 저지른 다른 한국인을 비난하는 용도로 쓰였다.

'MZ세대'의 실체는 없다. 하나의 그룹이 아니다. 그나마 관통하는 시대정신이 하나 있다면 '미래가 불투명하다' 정도인데, 솔직히 그건 전후 세대, 586, X세대를 포함한 2021년을 살아가는 모든 세대에게도 마찬가지로 적용되는 것 아닌가.

'MZ세대'의 공통점을 굳이 찾자면, 586과 친하지 않다는 것 딱 하나다. 어느덧 권력을 가진 중장년, 이 사회의 새로운 '보수'가 되어 버린 586과 교류도 적고 공감대도 없는, 다른 시대적 배경을 가진 사람들.

586이 사회와 언론에서 목소리가 크다 보니 '우리'가 아닌 '오랑캐들'을 부르는 단어가 MZ가 된 거다.

오랑캐가 스스로를 오랑캐라 생각하지 않듯이, 스스로를 'MZ'라고 정의하는 81~10년생도 없으리라 생각한다.

요즈음, 586의 가치관에 맞지 않는 행동이나 모습을 보이는 사람들에게 'MZ'라는 딱지가 자주 붙는다. "오랑캐가 그렇지 뭐." 정치판에선 '20대 개새끼론', '이대남 일베론'이 난리고, 거기에 서울대 커뮤니티 스누라이프니 뭐니 하면서 보수언론이 기름을 붓는다.

언론시장에서 'MZ'라는 키워드가 먹혀들어가니, 욜로, 에루샤, 코인, 실업급여 등 온갖 영역에서 온갖 떡밥으로 오랑캐론이 펼쳐진다. 물론 MZ도 고객이지만 MZ를 까도 어딘가에서는 돈이 되기 때문이다.

섀도복싱이다. 스스로를 자랑스러운 X세대, 자랑스러운 386이라 정의했던 사람들은 있어도 스스로를 자랑스런 MZ라 느끼는, MZ에 소속감을 품거나 사명감을 지닌 MZ는 없다. 즉, 자기정체화로서의 'MZ세대'라는 건 존재하지 않는다. 존재하지 않는 'MZ세대'의 지향점을 까거나 칭찬할수록 586은 전후 세대와 더 빠르게 가까워질 뿐이다.

솔직히 말해, 586들의 최고의 아웃풋은 노무현 문재인이 아니라 당신들의 자식 세대인 90년대생들 아니던가. 자기 자식들 엄중하게 지켜보고 근엄하게 꾸짖어 봐야 뭐 얼마나 건설적인 발전이 있겠는가.

"아 아빠 저리 좀 가요!"

3. 역대급 탈권위 대선

MZ세대론에 투영된 586의 제멋대로식 '자기투영'은 2022년 대선판에도 이어지고 있다.

그래도 2022년 대선판은 나름 쾌적한 편이었다고 자평하고 싶다. 스타벅스 그분의 '관종짓' 전까지는. 우리나라에서 대선이란 모름지기 빨갱이-좌익-용공-종북 세력과 비리덩어리-토착왜구-독재 세력 사이의 욕 배틀 아니겠는가. 2017년 마지막 대선 때만 하더라도 문재인이 북한에 돈을 퍼줘서 북한이 핵무기를 만든다고 난리였다. 홍준표야 뭐, 비리-독재 세력의 핵심인 검찰-빨간당 출신이고. 이번 대선에서는 그런 얘기가 거의 나오지 않아서 참 다행이라고 생각했다. 최루탄과 보도블록의 싸움에서 그나마 한 걸음 나아갔다고 생각한다.

이번 대선은 역대 최초로 양당의 대통령 후보가 웃음을 팔고 다닌다. 전직 검찰총장이 성대모사를 하고, 집에서 셀카를 찍어 올리고, 전 경기도지사가 탈모약 지원을 공약하고, 주식 투자 경험을 공유한다. 윗사람이 아닌 서비스 제공자로서, 선생님이 아닌 한 표를 부탁하는 정치인으로서 호감도를 높이는 전략을 취하고 있다.

너희들은 어떻게 생각하고 어떻게 행동해야 한다고 고함치는 리더는 이제 옛날 일이 됐다. 유권자의 대부분이 교육을 덜 받은 무지렁이 민초들이었던 농업국가 시절에는 그런 리더십이 필요했겠지만, 정보가 넘쳐나고 다들 교육을 잘 받은 시대에는 "제가 이런 일들을 할 테니 한 표 부탁드립니다"라고 약속하고 실행하는 영업사원 같은 정치인이 당선된다. 무엇이 옳고 내 삶에 더 이익이 될지는 스스로 생각하고 판단할 수 있는 유권자가 알아서 정한다. 그게 국민을 섬기는 정치고, 그게 진짜 주권자들의 선거이다.

이 변화는 우리나라가 산업화 시대의 수직적 사회에서 선진국의 수평적 사회로 이동하는 것을 보여주는 바람직한 현상이라고 생각한다.

냉전 시대가 끝난 후 탈권위는 전세계 모든 선진국에서 진행되는 현상이고, 드디어 우리나라 정치판에도 일제와 군사독재에서 시작한 근대식 권위주의가 철폐되기 시작한다고 생각했다.

4. 민주진보의 '검열'과 '가르치려 듦'

이처럼 모든 것이 다 좋았다. 페미니즘 문제가 부상하기 전까지는. 핸들이 고장 난 8톤 트럭처럼 좌충우돌 아무나 들이받고 다니는 페미니스트들, 여성계, 여성가족부를 어떻게 대할 것이냐는 질문에 양당은 정치공학적으로 최대한 말을 아꼈다. 그럴 만도 하다. 여성표도 소중하고 남성표도 소중하고, 양쪽 다 젊은이들의 온라인 파급력은 무서우니까. 최대한 좋게 좋게 넘어가려고 하던 와중에, 이재명의 '닷페이스' 출연 번복과 재번복, 그리고 여성가족부 폐지에 관한 이슈에서 전선이 그어졌다. 이재명이 결단을 한다. '출연 번복한 닷페이스에 다시 나가겠다', 그리고 여성가족부 폐지론에는 '그러면 안 된다'고 일갈했다. 국무총리가 갑자기 튀어나와 한마디 더 얹는다. "20대가 잘 몰라서 그런다."

생각해보면 기성세대 민주당 지지자들은 쭉 그랬다. 여가부와 페미 이슈로 왈가왈부하는 20대는 일베라며, 어려서 잘 몰라서 저런다며, 페미 욕하는 '이대남'은 고추 떼라며, 여자들이 옛날에 얼마나 고생을 많이 했는데 너희들이 그거 하나 양보 못 하냐며 가르치려 들었다. 국회의원들과 정치인들도 잊을 만하면 그랬었다. 이제 민주당 대선 후보와 국무총리가 공식적으로 그 포지션을 취한 것이다.

일 잘하는 시민의 종복이라던 후보와 그의 사람들이 갑자기 가르치려 든다. 종복이 가르치려 드는 것도 좀 그런데, 그 근거가 참 부실하다. 자꾸 옛날 여자들이 얼마나 힘들었는지를 이야기한다. 국정감사에서 다른 모든 부서에게는 더 잘할 수 없냐고 엄정하게 호통치는 분들이 여성가족부의 인권동아리 수준의 실적에는 눈에 하트를 띄우며 잘하고

있다고 한다. 살인 범죄 피해자는 남자가 더 많은데, 여성 피해자 수가 많다는 것만 강조한다. 남자가 지은 죄는 전국민이 경악할 중범죄이자 가부장제의 폐해이고 국가와 사회가 나서서 교정하고 개선해야 할 시급하고 중차대한 과제인데, 고유정 같은 여자가 같은 죄를 지으면 "오죽했으면"이라고 한다.

페미니즘이 옳은 이론인지 아닌지의 문제가 아니다. 페미니스트들의 문제이다. 여성계 또는 페미니스트들은 본인들의 존재 가치를 창조해 내기 위해 끊임없이 젊은 남성들을 악마화하고 검열해 왔다. 특히 여성가족부는 남성들은 잠재적 범죄자라는 가정하에 통신과 게임까지 검열하려 들었다. 80년대 대학가에서 국가 권력이 지나가는 대학생들 마음대로 수색하고 두드려 팼듯이, 여성계는 딱 20대 남성들만 현대적으로 두드려 패 왔다. 이러니 보건복지부, 문화체육관광부 등의 기관에 여타 복지 업무는 다 이관하고 여가부를 폐지하라는 말이 나오는 것.

5. 대중문화 검열과 젠더 갈등은 민생 문제

어떤 기성세대는 이렇게 말한다. 젠더 문제는 인터넷상의 작은 가십에 불과하고, 결국 이대남들도 주택이나 취업, 복지 등 민생 문제로 투표를 할 거란다.

아니. 당신이 틀렸다. 젠더와 게임과 인터넷이 바로 민생이다. 인터넷과 게임은 80~90년대의 식당과 당구장, 술집과 공원과 거리이다. 최루탄의 시대에 골목마다 전경들이 눈 부라리고 있었듯이, 대학생이면 일단 잡고 보았듯이, 지금은 단체 채팅창과 게임 그리고 웹툰의 세계에서 페미니스트와 여가부 관료들이 완장을 차고 검열하려 든다.

또 어떤 기성세대는 이렇게 반문한다. 잘못이 없으면 왜 걱정하냐고. 부끄러운 일을 했으니 '모니터링'이 싫은 거 아니냐고 한다.

80년대에 데모는 하지 못했지만, 아마 그 당시 전경들과 남영동 직

다시 말한다. 젠더와 게임, 인터넷이 민생 문제다. 여성가족부와 페미니스트들은 우리 집 앞에서 매일 과속하는 음주 과적 트럭과 같은 시급한 민생 문제이다.

원들도 똑같은 말을 했을 것이다. 죄가 없으면 왜 도망가냐고, 가방 열어 보라고, 일단 같이 가자고.

검열도 숨 막히는데, 여성가족부는 공식 블로그에 '레이디 퍼스트'의 어원이 지뢰밭에 여자 먼저 들여보낸다는 뜻이라고 썼다가 황급히 삭제하고, 남자 아이돌을 등장시키는 하드코어 텍스트 포르노인 '알페스'의 성착취 여부에 대한 질문 앞에서는 "아청법에 규정된 성착취물에 대한 정의에는 '글'이 포함되지 않으며, 알페스가 글을 주된 도구로 삼고 있다면 아청법에서 규정된 성 착취에 해당하는지 여부는 명확하지 않다"는 장황한 회피성 발언을 시전한다. 그 산하 단체인 양성평등진흥원은 남성이 "나쁘지 않은 사람이라는 걸 증명"하는 것이 "잠재적 가해자의 시민적 의무"라는 교육 동영상을 국가 예산으로 제작한다. 하다못해 꿈돌이 이름을 바꾸라고 하고 아이돌 의상도 단속했다. 물론, 여자 아이돌 의상만 단속했지만 말이다.

다시 말한다. 젠더와 게임, 인터넷이 민생 문제다. 여성가족부와 페미니스트들은 우리 집 앞에서 매일 과속하는 음주 과적 트럭과 같은 시급한 민생 문제이다. 매일 같이 국가 권력과 그것이 후원하는 익명의 다수가 완장질과 조리돌림을 일삼기에 그들과 부딪혔다가는 어떻게 다칠지 모르는 공포이다. 트럭에 치이면 팔다리나 생명을 잃고, 증거주의 재판의 원칙을 초월한 성인지 감수성에 잘못 치이면 사회생활을 잃는다. 치이는 것이 내 잘못일 수도 내 잘못이 아닐 수도 있지만, 수많은 교통사고와 성범죄 및 무고 사건이 보여주듯 한번 치이면 돌이킬 수 없는 결과를 초래한다.

이런 이야기를 하는 이대남을 일베라고 한다. 보수 우경화되었다고도 한다. 아니. 정작 이런 말을 하는 이대남들은 일베가 탄생하고 세를 불리고 정치에 악용될 때까지 일베랑 가장 치열하게 싸우던 학생들과 젊은이들이다. 아저씨들이 일베가 뭔지도 모를 때부터 학내 커뮤니티에서, 때로는 SNS에서, 때로는 일베 게시판에 단체로 몰려와 악플을 도배하면서, 일베와 욕배틀하던 사람들이다.* 보수 우경화가 아니다. 최루탄 시대의 진보가 2022년에는 진보가 아니기에, 최루탄 시대 아저씨들과 다른 생각과 다른 요구를 한다고 해서 보수 딱지를 붙이는 것은 부당하다. 지금 이들이 제기하는 것은 새로운 민생 문제이자 새로운 시대정신이다. 不

* 경향신문, 「일베vs反일베…'일족족맵' 온라인 혈투2」, 2013.1.12

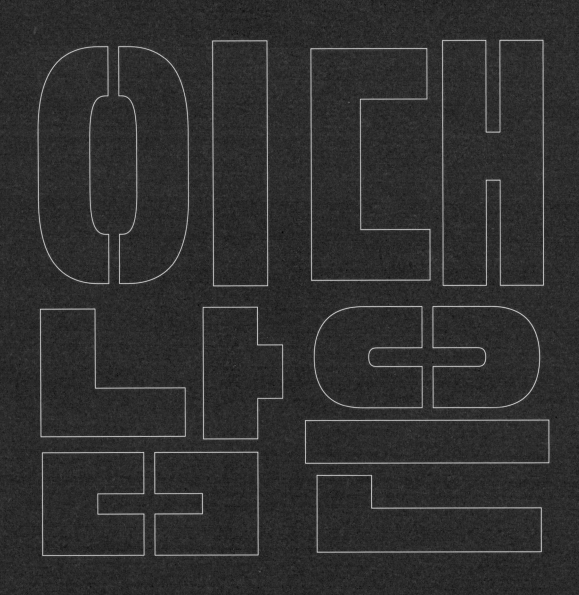

찌질함은
남자의 몫이다
김보현

정말 여성은 피해자이고 남성은 수혜자인가?
- 페미니즘 이념을 해체하다
박세환

청년 남성들은 왜
조던 피터슨에 열광하는가?
박가분

"정치의 본질은 다수를 설득하는 것이다."
- 성균관대 총여학생회 폐지 활동 참여자 인터뷰
박세환

찌질함은
남자의
몫이다

김보현

진보너머 운영위원, 자유기고가.
대학교에서는 정치학을 전공했고, 현재는
법학전문대학원에서 법학을 전공 중. 팩트체크
전문 미디어 뉴스톱에 「<조커>의 네 가지 이름」,
「슬라보예 지젝의 '정치적 올바름' 반대... 그리고
진보언론의 침묵」이라는 글을 기고했다.

1. 들어가는 말

슬픈 표정을 짓는 초록 개구리. 페페라는 이름을 가진 이 개구리는 남초 커뮤니티 사이트에서 쉽게 볼 수 있다. 페페는 고향인 미국에서도 4chan이라는 사이트(우리나라의 디시인사이드와 유사한)에서 폭발적인 인기를 끌었고, 심지어 트럼프 지지자들의 정치적 상징으로 떠오르기까지 했다. 그렇다면 이 개구리가 젊은 남성들 사이에서 관심을 받은 이유는 무엇일까? 감히 추측해 보건대 페페가 남자들 내면에 있는 '찌질이'를 건드렸기 때문일 것이다.

못생기고 작은 개구리는 전혀 위협적이지 않다. 잘나가는 사람들이 여자친구가 생겼음을 인터넷에 인증하면 죽창을 든 페페가 댓글에 달리지만 하찮아 보일 뿐이다. 지나가는 여자 학생들이 "야 저기 니 남친 지나간다."라고 말해도 시무룩한 표정을 짓는 것 외에는 다른 방도가 없다. 페페는 현실에서 함부로 드러내지 못한 남성들의 약하고 찌질한 모습의 대변자다.

'찐따' 혹은 '찌질이'라는 용어는 사회성이 떨어지는 남성을 가리킨다. 가끔은 '여찐'이라는 용어가 사용되기도 하지만 예외적 상황에 불과하다. 혹자들은 찌질함이라는 속성이 소위 말하는 '아싸'에게만 해당한다고 생각할 수도 있다. 그러나 모든 남성은 살면서 반드시 자신의 찌질함에 직면하게 된다. 남자 주인공의 쿨하지 못한 모습을 사실적으로 그려낸 웹툰 「찌질의 역사」가 많은 사람들의 공감을 받으며 인기를 끌 수 있었던 이유도 여기에 있다.

사실 자기도 모르는 사이에
그 누구보다도 많은 여자친구를 사귀었음

2. 남성의 삶은 장밋빛이 아니다

흔히 페미니스트들은 여성에게 불리하다고 생각되는 사회의 면면들을 지적하곤 한다. '왜 성폭행 피해자는 대부분 여성인가?', '왜 우울증 유병률은 여성이 높은가?' 그러나 그들에게는 남성들에게만 사회적으로 강요되는 무언가가 존재한다고 생각할 수 있는 능력이 존재하지 않는다. 따라서 그들은 '왜 산업 재해 사상자는 대부분 남성인가?', '왜 자살률은 남성이 높은가?'와 같은 질문을 던지지 않는다. 기껏해야 '맨박스'를 언급하며 그 수준 낮은 상상력의 한계를 여실히 드러낼 뿐이다.

심리학자인 로이 F. 바우마이스터는 「소모되는 남자」에서 남성과 여성의 관계를 '트레이드 오프(trade-off)' 관계로 설명했다. 여성들이 국가와 사회로부터 인구 재생산을 담당하는 도구로 여겨졌다면, 남성들은 공동체를 지키기 위해 전투력과 노동력을 제공하는 도구로 여겨졌다. 다시 말해 여성들이 사회를 위해 생명을 낳을 것을 강요받았다면, 남성들은 사회를 위해 생명을 바칠 것을 강요받았다.

이와 같은 강요는 개인에게 매우 부당하지만, 성별과 관계없이 우리 문화에 자연스럽게 스며들었다. 바우마이스터는 각각 1970년대와 1990년대에 미국에서 여성을 군대에 소집하여 전쟁에 참전시켜야 하는지에 대한 두 차례의 논의가 있었다고 설명한다. 하지만 이 논의는 신체적으로 여성이 전투에 얼마나 적합한지보다는 참전이 여성의 건강에 얼마나 해로운지에 관한 토론이 주가 되었다. 하지만 그 동안 남성들은 전선에서 이미 건강과 생명을 위협받고 있었다. 그러나 아무도 이 사실에 대해서 이의를 제기하지 않았다.

미국의 코미디언 빌 버(Bill Burr)는 남성의 삶에서 안 좋은 부분은 제외하고 좋은 부분만을 취하려 하는 페미니스트들을 "마치 뷔페에 온 것 같다"며 비판한다. 사실 페미니스트들이 철폐를 요구하는 남성의 기득권은 ① 남성 중에서도 상위 1%의 전유물이거나, ② 이득에 상응하는 대가를 지불하고 있거나, ③ 애당초 실존하지 않는다.

소위 말하는 남성의 찌질함도 문화적으로 요구되는 남성의 역할을 수행하는 데 실패했을 때 따라오는 비난이다. 모임에서 낯을 가리고 소심한 모습을 보였을 때, 좋아하는 이성 앞에서 서투른 모습을 보이고 거절당했을 때, 작은 일에 감정이 상해서 대인배적인 면모를 보이지 못했을 때, 사회적으로 인정받는 취미가 아닌 비주류적인 취미를 들켰을 때. 이러한 상황에서 여성에게 돌아갈 비난보다 남성에게 돌아갈 비난은 훨씬 크다. 더군다나 래디컬 페미니즘 진영의 남성에 대한 비난은 이러한 성역할에 근거한다. 페미니스트들이 사회의 미시적인 차별을 지적하는 것은 예민한 감수성이지만, 남성들에게는 '소추소심'이 된다. 그리고 페미니스트들이 결혼을 거부하는 행위는 '비혼주의'가 되지만, 남성들에게는 '번식 탈락'이 된다. 이들의 비난은 '찌질한 남자'에 대해서 주류 사회가 갖는 편견과 전혀 다를 바가 없다.

3. 연애 시장에서의 공포

> "전통적인 성 질서에서 남성에게 이러한 모험적이고 종종 고통스러운 과제를 독점적으로 부담시키는 것은 여성의 특권이었다. 여성이 아니라 오로지 남성만이 제대로 파악하지 못한 지역으로 가서 지루함이나 쌀쌀맞은 거절을 감수할 위험을 무릅써야만 한다. 모든 반대되는 주장에도 불구하고 오늘날에도 여전히 대부분의 이성애 여성들은 이러한 특권을 암묵적으로, 나아가 더욱 강하게 붙들고 있는 듯하다."[1]

일반적인 연애 시장에서 여성이 '갑'이 되는 이유는 무엇일까? 원인은 남자가 구애하고 여자가 선택하는 구조에 있다. 이러한 구조는 남성의 성욕이 여성의 성욕보다 더 크기 때문에 나타난다. 양성 간의 성욕 격차는 한때 편견으로 여겨지기도 했으나, 오늘날 대부분의 성의학자들은 성욕 격차를 인정한다. 바우마이스터는 금욕 생활을 하는 남성 수도사들이 여성 수도사들보다 훨씬 성적 일탈을 많이 저지른다는 점을 들어 남성의 성욕이 더 크다는 결론을 뒷받침한다. 또한 그는 남성들이 데이트 비용을 많이 내는 이유가 더 큰 성욕에 있다고 설명하기도 한다.

　남성들이 연애 관계에서 원하는 것이 오직 섹스뿐이라는 말은 아니다. 하지만 연애에서 남성들이 바라는 바는 여성들보다 더 명확하고 가시적이다. 또한 상대방이 원하는 것을 알 수 있다면 인간관계에서 쉽게 우위를 차지할 수 있다. 아리스토파네스의 희곡 「리시스트라테(Lysistrata)」에서 아테네와 스파르타

1. 로베르토 팔러, 『성인 언어』(이은지 역), 도서출판b, p. 217.

의 여성들은 전쟁을 멈추기 위해 섹스 파업을 단행한다. 섹스를 하지 못하게 된 남성들은 결국 전쟁을 멈췄고, 여성들은 평화를 지켜냈다. 만약 남성들이 여성들에게 원하는 것을 쟁취하려 든다 해도, 섹스 파업이라는 방법으로는 불가능할 것이다.

게임 이론의 관점에서도 '완전정보게임'과 '불완전정보게임'에는 큰 차이가 있다. 완전정보게임의 경우 상대방이 무엇을 선택할지 예측하고 자신에게 가장 이득이 되는 선택을 할 수 있다. 하지만 불완전정보게임이라면 이러한 이점을 가질 수 없다. 연애를 일종의 게임이라고 봤을 때, 여성의 입장에서는 완전정보게임이지만 남성의 입장에서는 불완전정보게임이 된다.

남장을 한 채 남성으로서의 삶을 체험한 저널리스트 노라 빈센트는 "내가 관찰한 남자들은 자신들의 근본적인 욕망 때문에 오히려 고통스러워했다. 어쩌면 성적 권력의 핵심은 여자가 쥐고 있는 것이 아닌가 하는 생각이 들었다"고 말했다. 빈센트는 여성들에게 데이트를 신청하고 거절당하는 과정에서 남성이 느끼는 두려움의 크기가 절대 작지 않음을 느꼈다고 한다.

오늘날 구애에 대한 거절은 한순간의 부끄러운 경험으로 넘어갈 수 있다. 하지만 먼 과거의 경우에 구애에 대한 거절은 공동체에서의 추방과 생존의 위협이라는 치명적인 결과를 낳을 수 있었다. 남성들의 무의식 속에는 사회적 평판이 곧 생존에 직결된다는 공식이 새겨져 있다. 따라서 남성은 본인들이 원하는 것을 얻기 위해 구애를 해야 하지만, 거절에 대한 굉장한 두려움을 감수해야 하는 이중적 위치에 놓였다.

한때 여러 커뮤니티 사이트에서 빌리 헤링턴이나 반 다크 홈과 같은 게이 포르노 배우들이 남성들의 추앙을 받은 적이 있다. 박가분 작가는 이를 두고 '성적 긴장감을 해소하는 카타르시스'를 느끼기 위한 것이라고 분석한 바 있다. 게이 포르노 배우들은 멋진 육체미와 자신감 있는 태도를 보여주면서도, 여성들에게 거절당할까 전전긍긍하지 않는다. 남성이라면 누구나 가지고 있는 거절에 대한 두려움을 다소 미학적인 방법으로 해소하는 것이다. 비록 이러한 방법이

노라 빈센트의 남장 전과 후(네드 빈센트) 사진

2. The Philosophical Salon, 「Troubles with Identity」, Slavoj Zizek, 2018.5.28.

지속가능하지는 않지만, 남성들 속에 있는 '찌질한 자아'를 어떻게든 달랠 방법이 필요하다는 점을 알 수 있다.

4. 찌질한 남성들의 반발

철학자 슬라보예 지젝은 유색인종, 여성, 성소수자 등의 정체성에 집착하는 정치의 형태가 백인, 남성, 성다수자 정체성의 반격을 맞이할 것이라고 예견한 바 있다.[2] 실제로 유럽과 미국의 대안 우파 진영은 백인 남성의 정체성과 피해자성을 강조하며 정치권에 등장했다. 이러한 세태를 긍정적으로 볼 수는 없지만, 어떤 구성원들이 자신들의 피해자성을 강조할 때 다른 구성원들도 자신들이 받은 피해를 들고 올 것임은 최근의 대안 우파의 발흥을 통해 비로소 자명해졌다.

한국도 다르지 않다. 남성들은 그동안 외면받았던 자신의 피해를 나열하기 시작했다. 여성 징병 문제, 군 가산점 문제, 여자대학교의 법학전문대학원과 약학전문대학원 문제, 심지어 학창 시절 우유 당번을 했던 경험까지. 그러나 정부와 언론의 반응은 시큰둥했다. 여성 징병은 '재미있는 이슈'로 취급되었고, 군 가산점은 아무도 대안을 제시하지 않고 있으며, 전문직 진입 과정에서 여성의 유리함은 남성이 실력으로 극복해야 할 문제로 치부되었고, 우유 당번의 경험은 배부른 소리로 비난받았다.

이러한 과정에서 기성세대 남성들은 청년 남성들의 찌질함을 거세게 비난했다. 겉으로는 여성을 위한 선의로 포장하지만, 사실 남자는 여자에게 양보해야 한다는 전통적 성 관념에 누구보다 얽매인 이들이다. "자기 자신을 경멸하는 사람은, 그러면서도 언제나 경멸하는 자인 자신을 존중한다"고 니체가 말했듯이, 페미니즘에 복무하는 중년 남성들은 '남성적 특권을 기꺼이 포기할 수 있는 자기 자신의 지위'를 절대로 포기하지 않는다.

정치권에 자신들의 목소리를 전달하는 데 실패한 남성들은 2021년 서울시장 보궐 선거에서 '국민의힘'을 지지하여 본인들의 정치적 가치를 증명했다. 그리고 보궐 선거에서 청년 남성 결집에 가장 큰 공을 세운 이준석 국민의힘 당대표는 페미니스트들의 주적이 되었다. 경향신문의 한 칼럼은 이준석 대표의 이수정 교수 비토 사태에 대해 평하면서 「'찌질한' 이준석 대표님」[3]이라는 제목을 붙였다. 하지만 아무도 공당 대표에 대해서 '찌질하다'는 표현을 사용한 것에 대

© 홍가클린티비

자막: 홍산가리 유튜브 채널.

하여 의문을 제기하지 않았다. 이렇듯 기성세대와 페미니스트들은 남성들의 찌질함을 공격과 비판의 대상으로만 생각한다는 점에서 친화성을 갖는다.

5. 나가는 말

개구리 페페의 운명은 어떻게 되었을까?

　　페페의 원작자 맷 퓨리는 자신의 캐릭터가 트럼프 지지자들의 상징이 되고 시민단체에 의해 혐오 표현으로 낙인찍히는 현실을 받아들이지 못했다. 그는 자신의 친구들과 함께 사랑스럽고 평화로운 페페를 그려서 인터넷에 뿌려 보았지만, 이미 광범위하게 퍼진 밈(meme)을 수습하기엔 역부족이었다. 결국 체념한 작가는 페페를 죽이고 장례식을 치르는 만화를 업로드한다.

3. 경향신문, 《'쩍벌한' 이준석 대표님》, 김민아, 2021.11.29.

하지만 밈은 항상 대중들에 의해 의미가 만들어지는 법이다. 맷 퓨리는 긍정적인 소식을 듣게 되는데, 홍콩의 민주주의 시위에서 페페가 희망의 상징으로 사용되고 있었다는 것이다. 시위대는 페페를 사용하는 이유가 "시무룩한 표정이 마음에 들어서"라고 대답했다. 페페의 찌질한 모습이 누군가에게는 자신의 현생을 투사하는 이유가 되었고, 다른 누군가에게는 친근감을 느끼는 이유가 된 것이다.

다시 시선을 대한민국으로 옮겨 보자. 최근 몇 년간 인터넷에서는 한국 여성들의 '너드남'에 대한 선호가 눈에 띄고 있다. 너드(nerd)는 미국에서 찌질하고 범생이같은 남자들을 가리키는 속어다. 왜 여성들이 인싸 혹은 마초가 아닌 너드에게 주목하는지 원인은 확실치 않다. 코로나 시국으로 인해 인싸들의 매력을 표출할 창구가 많이 줄어들었기 때문일 수도 있고, 친구들과 술자리를 가지느라 자신에게 소홀한 인싸 남성들의 단점에 질렸기 때문일 수도 있다.

누군가는 이러한 현상을 '잘생겼음에도 다른 이성에게 한눈팔지 않는 남자'를 바라는 여성들의 판타지라고 비판하기도 한다. 그러나 케이팝 가수들이 한국인에 대한 환상을 주입함에도 불구하고 한국에 대해 관심을 가지게 만드는 긍정적 역할이 있는 것처럼 여성들의 너드남 선호 현상을 부정적으로만 볼 필요는 없다. 중요한 것은 마치 홍콩의 민주화 시위에서 페페가 새로운 의미를 얻은 것처럼, 연애 시장에서 남성의 찌질함 또한 재평가가 이루어지고 있다는 점이다.

오늘날 공론장의 지식인들은 대중의 감각을 배울 필요가 있다. 여전히 "찌질하다"는 표현을 젊은 남성들에 대한 비난과 꾸중으로 사용하는 본인들의 문화적 후진성을 돌아보아야 한다. 그들이 부르짖는 성평등한 유토피아, 성별에 관한 모든 편견이 사라진 세상은 최소한 페페의 시무룩한 얼굴이 이해받을 때만 가능할 것이다. 不

홍콩 민주화 운동에서의 페페.

정말
여성은
피해자이고
남성은
수혜자인가?

페미니즘
이념을
해체하다

박세환

오랫동안 외로이 지내다가 20대 중반부터
친구를 사귀고 싶어 인터넷에 글을 쓰기
시작했다. 자신처럼, 목소리를 가지지 못한
자들이 함께 목소리를 찾는 것을 삶의 목표로
정하고 3년 전부터 이를 위한 여정을 시작했다.
청년 사회단체 진보너머의 운영위원으로
활동하는 중이다.

아무리 다양한 기독교 분파들이 존재한다 해도 기독교인 이상 공통으로 공유하는 부분은 있기 마련이다. 이를테면 예수 그리스도를 인류의 구세주로 여김이 그러하다. 만약 이를 부정하는 종파가 있다면, 아마 그것은 더 이상 '기독교'라 부를 수 없는 무언가가 될 것이다.

이슬람 역시 마찬가지이다. 모든 이슬람 종파들은 무함마드가 신의 사도임을 굳게 믿는다. 이를 부정하고선 더 이상 이슬람일 수 없다.

페미니즘은 어떨까?

'N개의 페미니즘'이라 할 만큼 다양한 베리에이션이 존재하는 사상이 페미니즘이라 하지만, 그 많은 페미니즘이 공유하는 지점은 존재한다. 종교가 아니니 100%라 할 수는 없을지 몰라도 절대다수가 공유한다고 할 수 있는 그런 지점 말이다. 이를테면, 거의 모든 페미니즘은 '여성'을 피해자의 정체성으로, '남성'을 가해자 혹은 수혜자의 정체성으로 여긴다. 어찌 되었건 '여자'는 손해를 '남자'는 수혜를 입었다는 것이다. 여성의 피해 서사는 페미니즘의 신줏단지다.

그리고 페미니즘을 비판한다고 말하는 많은 이들조차 이 부분을 비껴간다. 페미니즘의 본질이라고 할 수 있는 이 피해자-가해자 도식을, 피해자-수혜자 도식을 건들지 않고 페미니스트 일부의 과격하고 공격적인 언행에 대한 규탄에만 집중한다. 본질적 이념보다는 방법론적인 측면에 대한 문제 제기에 치중하는 것이다. 아마 그쪽이 그나마 덜 민감한 지점이라 생각했겠지만, 방법론에만 치중된 비판은 뚜렷한 한계를 가진다.

과격하고 공격적인 태도로 비판받는 래디컬 페미니스트들은 대체로 보편적인 도덕률에 얽매이지 않는다. 어차피 그 도덕률이라 하는 것들은 압제자들이 자신에게 유리하도록 맞추어 놓은 이기적이고 불공정한 잣대라 보기 때문이다.

일제강점기 독립투사들이 '일제의 룰'에 따르지 않은 것을 비판할 수 있는가?

프랑스혁명 당시 시민군이 '왕조의 룰'에 복종하지 않은 것을 비판할 수 있는가?

설령 그들이 쏜 총알이 오직 부당한 압제자들만을 찾아다니며 뚫고 다닌 게 아니라 하더라도, 그 총알에 의해 간혹 부당한 희생이 발생했다 하더라도, 이는 그 사회가 불가피하게 감내해야 할 부분이 된다. 부당한 압제를 무찌르고 바람직한 새 질서를 수립하는 과정에서 모든 과정이 다 완벽할 수는 없는 법이니까.

간단히 말해서, 잘못된 세상과 부조리한 사회 구조로 인해 여성이 이토록 고통을 받고 있는데 이를 바로잡기 위한 페미니즘 혁명의 과정에서 설령 소소한 실책과 억울한 희생이 좀 발생한다 해도, 그런 게 큰 문제일 수는 없다는 것이다.

당신이 보편적 상식과 도덕을 바탕으로 페미니스트들의 거칠고 과격한 언행을 아무리 비판한다 한들, 당신이 말하는 상식과 도덕은 그들에겐 그저 남성 중심 사회에서 남성 자신들의 특권을 보호하기 위해 만들어 놓은 세뇌 장치에 불과할 뿐이다. 그리고 설령 페미니즘 활동으로 인한 실질적인 피해가 발생했다 한들 이는 혁명의 과정에서 불가피한 부분이기 때문에, 당신의 비판은 그들에게 유의미한 반향을 얻기 어려울 것이다. 여태까지 그래 왔고 앞으로도 계속. 그들은 오히려 이렇게 반론할 것이다.

"단지 남자로 태어났다는 이유로 온갖 특혜를 누렸던 이들이 위기감을 느끼니까 자신들만을 위한 도덕과 상식을 방패 삼아 우리(페미니스트들)를 비난하려 든다!"

이 지점에서 한번 질문해 보자. 당신은 이러한 관점에 동의할 수 있는가? 남자들은 남자라는 이유만으로 온갖 특혜를 누리고 있다는 '그들'의 관점에 동의할 수 있는가? 만약 그렇지 않다면, 페미니스트들이 중시하는 그 피해자-가해자 도식에 대해, 그들의 여성 피해 서사에 대해 애써 문제를 제기하지 않고 회피하는 모습을 보임으로써 그 부분만큼은 마치 할 말이 없는 듯 보일 필요가 있을까?

페미니스트들은 말한다. 지금이 전근대 시대가 아니라 하더라도 가부장제의 잔재와 여기에서 비롯한 남녀의 성역할 구분은 여전히 남았다고. 맞는 말이다.

아무리 차별이 줄었다곤 하지만 여전히 많은 여성이 사회 활동보다는 가사 노동에 집중한다. 남성들은 치마를 입지 않는다. 그렇게 오늘날까지도 남녀의 영역은 어느 정도 구분된다. 이는 부정할 수 없다.

어쩌면 이 영역 구분은 남녀의 생물학적인 차이에 의해 발생한 것이기에, 과학기술의 발달로 모든 인간을 중성 인간으로 변환시키지 않고서야 영원히 없앨 수 없을지도 모르겠다. 비록 필자는 별로 선호하지 않는 관점이지만 말이다.

중요한 건 다른 부분이다. 페미니스트들은 이 영역 구분 자체가 남성에게 일방적으로 유리하고 여성에게 일방적으로 불리하도록 설정되었다고 주장한다. 간단하게, 좋은 건 다 남자에게로, 나쁜 건 다 여자에게로 갔다는 것이다.

전통적 가부장제가 여성의 언행에 많은 속박을 부여했음은 사실이다. 여성은 너무 활발해선 안 되며, 남성보다 조신하게 처신해야만 했다. 여성은 사회 활동에 있어서 언제나 많은 제약을 받았던 반면(아예 금지된 영역도 있었다), 가사 활동에 있어서는 남성보다 더 많은 책임을 요구받았다(ex 명절 노동). 그리고 외적인 아름다움에 있어서 남성보다 높은 기준을 요구받았다.

아무리 정체성에 기반한 차별들이 속속 사라져 가는 현대 사회라곤 하지만, 이러한 가부장적 전통의 일부는 여전히 남아서 여성의 삶에 일방적 가이드라인을 제시한다.

그리고 남성에 의해 이루어지는 여성을 향한 많은 육

체적인 침해 행위도 여전히 남아 있다. 성적인, 그리고 물리적인 폭력들 말이다. 생물학적 차이 때문이기도 하겠지만, 여성을 하찮게 보는 가부장적 관념의 영향 또한 아예 없다고 할 수는 없으리라.

가부장제에 기반한 각종 관습으로 인한 여성의 피해들은 이렇게 명백하다. 그럼에도 여성이 피해자임을 부정할 수 있는가? 남성들은 단지 남성으로 태어났다는 이유로 일방적인 수혜를 입어 왔음을 부정할 수 있는가? 아마 페미니스트들은 그런 방식으로 따지려 할 것이다.

그럼, 여기서 한번 '역질문'을 던져 보자.

"그러면 남성은 아무런 피해를 보지 않았을까?"

정말 전통적인 남녀의 영역 구분은 오직 남성의 편의만을 전적으로 보장하는 방식으로만 구조화되었을까? 좀 더 구체적으로 들어가 보자.

사회 활동에서 나타나는 남녀 간의 격차는 페미니스트들이 가장 선호하는 여성 피해 서사 중 하나이다. 차별이 사라진 세상이라고 말하는데도 직장인의 수, 평균 급여, 고위직 진출 비율, 이 모든 지표에서 여성은 여전히 남성보다 현저히 밀리고 있다. 이게 정당한 능력에 의한 격차라고 말할 수 있는가? 그래도 여성에게 적용되는 눈에 보이지 않는 차별이 없다고 말할 수 있는가? 이건 전근대 사회로부터 내려오는 가부장제의 잔재들이 여성에게 불리하게 작용한 결과라고 볼 수밖에 없다고, 아마 페미니스트들은 그렇게 주장할 것이다.

이 지점에서 남자가 막노동을 하며 가정을 부양하고 여자는 가사 노동에만 집중하는 어떤 전통적인 가정을 상상해 보자. 이 마을에 성인 남녀가 이 두 사람밖에 없다고 가정하고 마을의 남녀 사회 진출 정도를 측정하면 아마 페미니스트들이 경악할 만한 결과가 나올 것이다. 여성 직장인 수, 여성의 급여, 여성 고위직 진출 정도가 모두 0으로 나올 테니 말이다. 남자 100% 여자 0%.

이것은 부당한가? 만약 부당하다면, '여성에게만' 부당한가? 남성은 일방적인 수혜를 누리고 있으며 여성은 일방적인 손해를 보고 있는가? 막노동을 하며 가정을 부양하는 아빠는 가사 노동에 집중하는 엄마에 대한 수탈자인가? 이 엄마와 아빠 사이에 흑인 노예와 백인 노예주의 관계와 같은 착취-피착취 관계가 존재하는가?

남성이 바깥일을 하고 여성이 집안일을 하는 구도가 이 가부장적인 집안의 오래된 관습이라 개별 남녀에게 별다른 선택권이 없었다면 이것은 '여성에게만' 차별이었다 말 할 수 있는가?

성적 대상화는
여성에게 불리하게만
작용하는가?

사회 진출의 정도를 운운하며 여성의 피해 서사를 부르짖는 페미니스트들이 놓치는 지점이 바로 여기에 있다.

사회 진출에서의 남녀 격차를 상투적인 여성 피해 서사로 치환하는 페미니스트들은 '사회에 나가 무언가 땀을 흘리며 대가를 받는 삶'은 특권인 반면, 그렇지 못한, 이를테면 '별도의 경제적 수익 없이 가사 노동에 집중하는 삶'을 피해라고 규정한다. 여성이 가정 바깥으로 나가지 못했음에 대해 피해라고 말하지만, 반대로 가정 바깥으로 나가 수익을 챙겨 올 '의무'가 남성에게만 부과된 사실에 대해서는 피해라 말하지 않는다. 이러니 항상 여성은 피해자고 남성은 수혜자일 수밖에 없다.

더 나아가, 여성은 사회 진출에 실패했을 때도 결혼이라는 또 다른 선택지를 생각할 수 있겠지만, 남성은 그러한 선택지 자체가 불가능하다. 여성과 달리 남성에게 결혼이란 어느 정도의 경제적 능력을 담보해야 성립하는 개념이기 때문이다. 더군다나 사회 진출에 실패했을 때의 사회적 낙인과 비난은 오직 남성에게만 집중된다.

자신보다 능력이 떨어지는 남성을 배우자로 고르려하는 여성은 거의 없으며, 결혼정보회사들은 이 부분을 너무나 잘 안다. 이 때문에 성공하지 못한, 실패한 남성의 삶은 여성에 비해 더욱 비참할 수밖에 없는데, 이러한 남성적 삶의 특수성은 페미니스트들의 관심을 받지 못한다. 그건 '여성의 피해'가 아니기 때문이다.

여성에 대한 성적 대상화 역시 페미니스트들이 언급하기 좋아하는 오래된 피해 서사 중 하나라 할 수 있다. 남녀 간 성욕의 차이로 인해 남자 쪽에서 먼저 여자에게 치근거리는 경우가 많고 이 과정에서 온갖 부조리한 성적 침해가 발생한다는 게 그들의 주장이다.

이 지점에서 "남자든 여자든 케바케(case-by-case)이므로 누가 성적 대상화의 피해를 더 많이 보았다고 말할 수 없다"는 상대주의적 상투어는 일단 접어 두자. 여기서 핵심은 페미니스트의 주장대로 남성이 여성을 성적 대상으로만 여기고 접근하는 경향성이 그 반대의 경우에 비해 더욱 팽배하다 하더라도 과연 그것이 여성에게 오직 피해로만 작용했는지를 따져보자는 것이다.

'공대 아름이'라는 말을 들어 보셨는가? 공대에서 여왕 대접을 받는 여학우들을 가리키는 말이다. 공대엔 여학우가 적기 때문에 넘쳐나는 남학우들이 소수의 여학우들에게 잘 보이려 매달리는 경향성이 나타났고 이 과정에서 '공대 아름이'라는 워딩이 생겨났다.

10여 년 전 KTF에서 이 현상을 풍자한 광고를 만들기도 했는데, 공대의 남학우들이 학과에 한 명밖에 없는 여학우에게 매달리며 잘 보이려 한다는 게 주된 내용이다.

이 광고는 여성을 향한 성적 대상화의 전형을 보여준다. 아름이? 동료 남학우들로부터 명백하게 성적 대상으로 여겨지고 있다. 그럼 이 지점에서 질문을 하나 해 보자. 그래서 아름이가 일방적인 손해를 봤는가? 성적 대상화로 인해 아름이는 일방적으로 고통만 받았는가?

광고의 마지막은 특히 인상적인데, 아름이를 둘러싸고 즐거운 한때를 보내던 남학우들이 옆 방의 다른 여대생

https://www.youtube.com/watch?v=wnPNsoWMukQ

들을 보러 간답시고 갑작스레 몰려 나가 버림으로써 아름이는 얼떨결에 혼자가 되고 만다. 사실 따지고 보면 이 마지막 장면에서 아름이는 비로소 성적 대상화로부터 해방된 것이다. 문제는 그 해방이 아름이에게 기쁨으로 다가왔느냐는 것이다. 아름이는 해방의 기쁨을 만끽하는가? 광고 속의 아름이는 그렇지 않았던 모양이다. 들고 있던 과자를 팽개치며 불쾌해했으니 말이다.

성적 대상화는 나쁜 것인가? 그렇다면 왜 무수히 많은 젊은 남녀들이 헬스장을 다니며 몸매를 가꾸고 또 그렇게 만든 자신의 몸매를 타인에게 드러내려고 하는가? 왜 자기 자신을 끝없이 나쁜 상태(성적 대상화)로 몰아넣기 위해 안간힘을 쓰고 있는가? 야하고 자극적인 복장을 하고서 클럽과 헌팅포차를 배회하는 젊은 남녀들의 행태에 대해서는 어떻게 설명할 텐가?

운동을 통해 만들어진 다부진 몸매를 가진 남성이 있

고 주변에서 이를 묘한 눈빛으로 쳐다보고 있다면 당신은 "저 남성은 지금 주변 이들로부터 불필요한 성적 대상화를 당하고 있군. 이 만연한 시선 강간으로부터 저 남성을 지켜주어야만 해!"라고 주장할 텐가?

다시 한번 질문해 보자. 성적 대상화는 그 자체로 악하고 잘못된 것인가? 만약 정녕 그러하다면, 그러한 사고방식은 전근대적인 원리주의적 종교관과 대체 어떻게 다른 것인가?

칼로 사람을 찌른다 해서 칼이 그 자체로 나쁘다고 할 수는 없다. 성적인 범죄가 일어날 경우 범죄적 행위가 잘못된 것인가? 아니면 상대를 성적 대상으로 여기고 욕망하는 심리 자체가 나쁜 것인가? 그리고 그 성적 대상화는 정녕 여성들에게 피해만을 주었는가? 공대 아름이는 성적 대상화의 피해자인가? 정작 페미니스트들도 이 문제를 회피하거나 '고민해야 한다'는 원론적 내용 이상의 답변을 자신 있게 내놓지 못한다.

페미니스트들은 전통적 가부장제 성역할 속에서 주체적이고 능동적인 삶은 남성에게만, 수동적인 삶은 여성에게만 부과되었다고, 그리고 그것이 여성에게 일방적인 피해였다고 말한다.

솔직히 따진다면 집안에서 설거지와 삯바느질을 하는 삶보단 창과 활을 들고서 사냥감을 구하러 뛰어다니는 삶이 무언가 '능동적'이라는 어감에 더 근접하긴 할 것이다. 문제는, 더 능동적인 삶이 더 좋은 삶이냐는 것이다. 예컨대 사냥감과 싸우는 삶과 집안일을 하는 삶 중 어느 쪽이 더 위험한가?

원시인들의코끼리사냥 (1876)
Bryant, William Cullen, Gay, Sydney Howard

현대식으로 바꿔말하자면, 창업을 통해 자기 사업체를 꾸려 나가는 삶과 공무원의 삶이 중 어느 쪽이 더 '능동적'인가? 아마 전자가 더 능동적이라는 판단에 반대할 사람은 없으리라. 그래서, 전자의 삶이 더 좋은 삶인가?

사장님이 되어 자신의 사업체를 꾸려 나간다면 다른 사람 아래서 정해진 급여를 받는 삶보단 훨씬 더 자유롭긴

할 것이다. 타인의 지시에 휘둘리지 않고 주체적이고 능동적으로 판단을 내리며 살아갈 수 있다. 다만 그 판단이 잘못되었을 때 초래되는 파국적인 결과 또한 전부 자신이 책임져야만 한다. 주체적이고 능동적인 삶이란 원래 그런 것이다. 반면 공무원의 삶이 주체적이거나 능동적이라 말하는 이는 거의 없을 것이다. 하지만 큰 하자만 없다면 안정적인 수입을 보장받을 수 있다.

자, 오늘날의 청년들은 주체적인 창업의 길을 더 선호하는가? 수동적이지만 안정적인 공무원의 삶을 더 선호하는가?

보통 주체적이고 능동적인 삶과 그에 뒤따르는 리스크는 동전의 양면이다. 그리고 전통적인 성역할 구분 아래에서 남성이 여성보다 더 주체적이고 능동적인 삶을 부여받았다면, 그에 해당하는 만큼의 위험을 감수하도록 요구받았던 것 또한 사실이다. 예나 지금이나 위험한 상황이 오면 항상 남자가 여자보다 먼저 투입된다. 그리고 이는 남성 평균 수명이 여성보다 짧은 이유 중 하나이기도 하다. 이 부분이 이해가 안 간다면, 그냥 전쟁을 떠올려 보라.

전통적인 성역할 구분 속에서 일반적으로 남성은 여성보다 더 치열한 경쟁과 생존 투쟁을 요구받는다. 그 역경들을 딛고 일어나 가족을 책임질 수 있음을 입증해 보여야만 살아남고서 자신의 가정을 꾸리고 후손을 퍼뜨릴 수 있었던 것이다. 이런 남성 성역할의 특수성을 논하지 않은 채 오직 여성 성역할의 수동적 측면만 부당하다는 식으로 따지는 태도는 공정하다고 말할 수 없다.

여성의 희생에
상응하는
남성의 희생

성별 기대수명(단위 : 세)

	1970	1980	1990	2000	2010	2011	2012	2013	2014	2015	2016	2017	2018	2019	2020
전체	62.3	66.1	71.7	76.0	80.2	80.6	80.9	81.4	81.8	82.1	82.4	82.7	82.7	83.3	83.5
남자	58.7	61.9	67.5	72.3	76.8	77.3	77.6	78.1	78.6	79.0	79.3	79.7	79.7	80.3	80.5
여자	65.8	70.4	75.9	79.7	83.6	84.0	84.2	84.6	85.0	85.2	85.4	85.7	85.7	86.3	86.5

자료 : 통계청 「생명표」2021

전통적 성역할 구분 속에서 여성에게는 오직 나쁜 것들만 부여됐다는 식의 주장은 옳지 않다. 그들이 '여성의 피해'라 주장하는 부분들을 살펴보면, 반드시 그에 상응하는 다른 피해가 남성에게도 주어졌음을 알 수 있기 때문이다.

물론 그렇다고 해서 전통적 가부장제 질서를 앞으로도 계속 유지해 나가는 게 옳다고 생각하지 않는다. 설령 가부장제가 그것이 탄생했던 시점에서는 가장 효율적인 업무 분담 체계였다고 하더라도, 개별 남녀에게 선택권을 주지 않은 부분만큼은 근대적 관점에서 명백한 결함일 수밖에 없기 때문이다.

물론 이 결함 역시 계속해서 개선되어 가는 중이다. 남녀의 영역을 구분하던 벽이 서서히 허물어져 가고 있다. 이는 분명 바람직한 현상이다. 하지만 여기서도 따져 볼 부분이 있다.

여전히 어려움이 있다곤 하지만, 이제 여성은 전통적 여성의 삶을 살 수도, (과거 기준으로) 남성적인 삶을 추구할 수도 있다. 여성이 남성적인 외견을 하고 남자와 같은 언행을 취하는 건 이젠 하나의 선택으로 존중되고 있다. 그럼 반대는? 남성이 여성적인 외견을 하고, 여성스럽게 행동하고, 여성의 역할을 하려 한다면 어떻게 받아들여지는가? 여성이 남성스러움을 추구할 때처럼 사회 속에서 자연스럽게 받아들여지는가?

반대 성별의 영역으로 넘어가는 일은 남성이 여성보다 훨씬 어렵다. 남성이 여성처럼 치장하거나 여성스러운 옷을 입는 것은 여성이 '탈코르셋'을 내세우며 숏컷을 하고 화장을 거부하는 것보다 훨씬 더 큰 용기를 요구한다. 후자는 페미니즘의 대의를 내세우는 순간 주류 미디어의 주목과 정치권의 지지를 얻을 수 있지만 전자의 경우는 한심하게 보거나 아니면 수상쩍게 보는 시선을 먼저 감내해야 한다. 이처럼 남성들은 섹슈얼리티는 물론 젠더 역할의 영역에서조차 여성보다 훨씬 적은 선택권을 부여받고 살아감에도 주류 미디어들은 오로지 여성의 피해 서사에만 스포트라이트를 비춘다.

외모와 관련한 성역할 문제에서 남녀 모두 나름의 고충이 존재한다. 그러나 앞서의 고찰대로 이들 각각의 고충에 대한 사회적 주목도의 차이는 명백히 존재한다. 페미니스트들이 즐겨 언급하는 대표적인 여성 피해 서사인 외모 관련 성차별만 보더라도 페미니스트들의 시각이 대단히 편향적인 것임을 확인할 수 있다. 이뿐만이 아니다. 타이타닉 호 침몰 당시 사상자의 성비, 산업 재해 피해자의 성비, 전시 상황에서 남녀 사망자의 비율, 고독사 사망자와 자살 사망자의 성비 등등 남성이 더 취약한 지표들이 무수히 존재함에도 여성계는 의도적으로 이에 대해 침묵하거나 회피한다. 심지어 이런 남성의 피해를 '자업자득'이라고 대놓고 말하는 페미니스트도 있다. 「한국, 남자」를 출간한 최태섭은 MBC 100분 토론에서 태안화력발전소에서 산업 재해로 사망한 고 김용균의 사례와 관련하여, "남성 자신이 위험에 노출되는 것을 당연하게 생각해 온 것이다"라고 답변한 바 있다. 이런 시각은 여성의 피해는 사회적인 것으로, 남성의 피해는 개인적인 것으로 치부하는 이중 잣대에 지나지 않는다.

한편 오늘날 남자들은, 특히 나이가 어린 남자들일수록 "왜 여자는 이렇게 안 하는데 남자는 이렇게 해야 해?"라는 식의 문제 제기를 많이 한다. 이대남 만의 문제가 아니다. 현재의 어린이·청소년들이 성인이 될 미래 사회에서는 이런 반문이 더 많이 제기될 것이다. 사실 이는 전통적 가부장제가 요구하는 남성상에는 부합하지 않는 태도이다. 전통 사회에서는 남자인 자신을 여자와 비교한다는 것 자체가 남자답지 못한 한심한 태도로 여겨졌기 때문이다. 이 때문에 전통적 관점 아래에선 이러한 남성들의 문제 제기가 찌질하고 유치해 보이는 것이다.

하지만 더 이상 그런 이유로 남성들의 입을 틀어막으려 해서는 안 된다. 이는 전통적인 성역할 구분이 사라져가면서 나타나는 자연스러운 현상이기 때문이다. 여자들이 더 이상 '여자이기 때문에' 짊어져야만 했던 것들에 대해 부당하다고 말하듯, 남성들 역시 같은 방식으로 문제 제기를 하고 있는 것뿐이다.

정녕 페미니즘이 '여성과 남성의 구분 없이 모두의 기회와 권익을 보장하는 세상'을 추구하는 사상이라면, 페미니스트들은 '그런' 남자들의 항변을 더 이상 하찮게 취급해서는 안 된다. 당신들이 '여자라서' 감내해야만 했던 부당함을 성토했듯, 남자들이 '남자라서' 감내해야만 했던 부당함에 대해서도 이젠 관심을 가져야만 한다.

만약 그렇게 하지 않는다면, 페미니스트들이 지금처럼 계속해서 '여성의 아픔'에만 집중하고 반대편의 이야기는 무시하면서 세상이 오직 여성에게만 한없이 부당했다는 식으로 분위기를 몰고 간다면, 이는 자신들이 여성 이기주의자에 불과함을 스스로 입증해 보이는 꼴일 뿐이다.

명심하자. 남들이 흘린 피 위에서 새로운 세상을 만들고자 하는 그런 이기적인 시도는 결국 모두에게 불행한 결과만을 초래할 것이다. 不

청년 남성들은
왜
조던 피터슨에
열광하는가?

박가분

2006년 밝은서재라는 블로그에서 글쓰기를
시작함. 2014년 제2회 「창작과 비평」
사회인문평론상 수상. 「공정하지 않다」 외
다수 단행본 출간 및 칼럼 기고.
청년단체 진보너머 운영위원.

"무거운 짐을 들어 올리세요! 그래야 삶을 견디죠!"
-조던 피터슨, 한 공개 강연에서-

1. 설거지론에 대해

최근 남초 커뮤니티에서 '퐁퐁론' 내지는 '설거지론'이 유행하는 것을 보게 되었다. 넷상의 유행에 생경한 독자들을 위해 첨언하자면, 연애 시장에서 소외된 채 '알파메일'이 되지 못한 평범한 남성은 뒤늦게 결혼해도 알파메일에게 간택되지 못한 여성들과 인연을 맺는 잔여물적 신세가 될 수밖에 없음을 한탄·자조하는 말이다(물론 이보다 더 원색적인 의미도 포함되어 있으나 이는 독자의 정신 건강을 위해 생략한다). 우선 나는 남초 커뮤니티에서 이러한 담론이 유행하는 것은 매우 병적인 현상이라고 생각한다.

일부 도덕주의자들은 이들에게 "여성을 존중해야 한다"느니 "성인지 감수성을 길러야 한다"느니 뻔한 설교로 일관할 것이다. 반대로 그런 도덕주의에 회의적인 속류 유물론자라면 '중요한 건 계급과 경제 문제다' 같은 이야기를 할 것이다. 그러나 이러한 설교와 관성적 처방 모두 치유책이 될 수 없다.

"왜 청년 남성들이 페미니즘과 여성 인권을 존중하지 않느냐"는 질문은 애초에 잘못되었다. 잘못된 질문에서 제대로 답이 나올 리 만무하다. 반대로 "중요한 건 경제와 계급이다"라는 성급한 처방은 제대로 된 풀이 과정 없는 커닝식 답안지에 불과하다.

올바른 질문은 "왜 청년 남성들이 자기 자신의 삶조차 존중하지 않는 사회가 되었을까"라는 것이다. 이것이 '퐁퐁론'이나 '설거지론'에 대해 제기되어야 할 질문이다. 왜냐하면 저런 담론은 청년 남성 자신의 삶에 비추더라도 자기 파괴적이기 때문이다. 인류가 정착 생활을 시작하고 문명을 형성한 이래 이성을 만나고 가정을 꾸리고자 하는 욕망은 사회를 형성하는 기초적인 욕망이었다. 문제는 청년들이 점차 이러한 욕망을 잃고 냉소주의로 치닫는 것이다. 물론 많은 사람은 그러한 욕망의 상실이 문제임을 스스로 깨닫고 해답을 얻기 위해 고군분투하고 있지만 말이다.

이런 냉소주의에 빠져든 이들에게 필요한 것은 겉보기의 모습을 올바르게 의관정제하라는 피상적 허례허식 따위가 아니다. 그들이 필요로 하는 것은 삶의 목표, 애정 어린 교류, 책임과 권리에 대한 균형 감각의 회복이라는 보다 근본적인 차원의 욕구이다. 원래 이러한 근본적 욕구와 관련한 탐구를 담당하는 분야가 인문학이었지만, 최근 저 윤지선 강사의 남성혐오 논문이 『철학연구』라는 학술지에서 실린 것에서 볼 수 있듯이, 그리고 저 학술지 내부에서 아무 비판이 제기되지 않은 것에서 볼 수 있듯이, 인문학 담론 역시 피상적인 PC주의 사상에 오염된 지 오래되었다.

한편 정체성 정치의 상처를 치유하는 가장 근본적인 해결책은 단순히 페미니즘·PC주의 비판이 아니라, 청년들에게 상실된 삶의 의미와 좌표를 탐색하고자 하는 의욕을 불러일으키는 것이다. 페미니즘·PC주의 비판을 회피하자는 이야기는 아니다. 그런 비판이 정확한 사고와 단단한 철학에서 나와야 의미가 있다는 것이다. 그런 점에서 안티페미 유튜브에 탐닉하면서 '퐁퐁'이니 '설거지'니 하는 말을 쏟아내는 청년에게는 일단 급한 대로 조던 피터슨의 영상을 권유하는 것이 더 낫지 않을까.

2 조던 피터슨 신드롬에 대해 생각해야 할 것

혹자는 조던 피터슨에 대해서 생경할 것이다. 조던 피터슨은 캐나다의 임상심리학자로서 북미권과 서유럽 국가의 젊은 남성들에게서 열렬한 인기를 얻고 있다. 그는 친기독교적, 보수주의적 사상을 갖고 있으며 정체성 정치와 PC주의의 검열 일변도 노선에 대해서 매우 비판적이다. 한편 그가 그러한 정치적 견해보다는, 심리학 강의, 자기계발 강의를 통해 인기를 얻었다는 점에 주목해야 한다. 한국에서도 그의 책 「12가지 인생의 법칙」과 「질서 너머」라는 책이 2030 독자를 중심으로 베스트셀러에 등극했다. 그의 발언 중 유명한 것이 "세상을 탓하지 말라, 그 시간에 집부터 정돈하라"이다.

ⓒ 웅진지식하우스

물론 그를 둘러싼 논란도 있다. 그는 '정의로운 위계 구조(just hierarchy)' 라고 (그 자신이) 부르는 전통적 가치의 회복을 바라는 보수주의자이며, 특히 페미니즘의 '기계적' 평등관에 대해서 부정적이다. 그는 얼마 전의 공개 논쟁에서 슬라보예 지젝 앞에서 '문화적 마르크시즘'에 대한 음모론을 설파하다가 공개 면박을 당한 적이 있다. 여러 무시할 수 없는 통찰에도 불구하고, 그의 지적 한계는 명확해 보인다.

나의 의문은 그럼에도 왜 그의 강연이 아직도 많은 청년의 열광을 불러일으키냐는 것이다. 그 점을 살펴보기 이전에 그를 논쟁에서 박살낸 슬라보예 지젝도 이념은 다르지만(그는 스스로 공산주의자를 자처할 정도로 급진주의적, 반자본주의적 면모를 보인다), 조던 피터슨과 비슷한 이야기를 한 적이 있다는 점에 주목할 필요가 있다. 지젝은 「잃어버린 대의를 옹호하며」에서 좌파 및 진보주의자들이 '대문자 대의(Cause)'를 상실한 채 포스트모던으로 도피한다'고 일갈한 적이 있다. 나아가 그는 '나치 부역 이력이 있는 하이데거도 위대한 철학자'라고 지적하며, 정치적으로 올바르지 않은 전력을 가진 인물을 공론장에서 배제하려는 PC주의 풍조를 비판한 적이 있다. 또한 그는 미투 운동의 과격화에 대해서도 "PC주의자들은 받아들이지 않겠지만, 나는 항상 미투 운동과, 특별히 정치적 올바름에서 가려진 대상이 바로 노동 계급이라고 주장한다"며 선을 그은 전례가 있다[2]. 이 비판 지점에서만큼은 적어도 조던 피터슨이나 지젝이나 큰 차이가 없다.

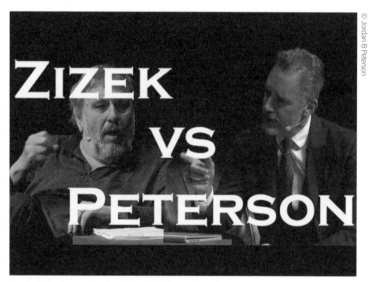

© Jordan B Peterson

https://www.youtube.com/watch?v=lsWndfzuOc4

여기서 우리는 지젝이 말한 '대의'와 조던 피터슨이 말한 '정의로운 위계 구조'가 정확히 대칭을 이룬다는 점을 눈치챌 수 있다. 어느 쪽이든 삶의 좌표 및 방향성과 관련이 깊다.

1. 다만 이것은 구시대적 신문 질서의 부활을 기도하거나 단일한 가치 체계로 사람들의 우열을 나누자는 것이 아니라, '유능한 신경외과 의사와 배관공의 경우처럼 각자의 분야에서 최고가 되려는 노력을 경주해야 한다는 입장이다.
2. RT 유튜브 채널, 'Slavoj Zizek on #MeToo movement. How to Watch the News, episode 02'.

한국에서 현재 벌어지고 있는 젠더 갈등의 근원은 청년들에게 의미 있는 삶, 좋은 삶의 좌표를 제공하지 못하는 기성 사회의 실패 문제이다. 초점을 진보주의자에 맞추면 그들 자신부터 어설픈 PC주의 놀음에 빠져 있느라 청년들에게 그러한 좌표를 제공하는 데 게을렀다는 것을 반성하지 않을 수 없다.

진보주의자들이 본래 청년들에게 제공하던 삶의 의미, 방향성이란 사회적 '대의(Cause)'에 대한 참여와 관련이 있다. 이 부분이야말로 '역량에 따른 정의로운 위계 구조'를 중시하는 조던 피터슨 스타일의 전통·보수주의와 차별화될 수 있는 지점이다. 내친김에 말하자면 이준석류의 공정 담론과도 차별화될 수 있는 지점이다. 그런데 지젝이 지적하듯 현재 PC주의와 정체성 정치에 결여된 요소가 바로 이 '대의'이다.

바로 이 지점에서 (비록 지향하는 대안은 다를 수 있겠지만) PC주의·정체성 놀음이 청년 전반의 몰가치와 방향 상실 그리고 허무주의를 낳았다는 피터슨의 인과 관계 진단에 주목해야 한다. 청년들이 공유할 가치가 실종된 상황을 방기한 채 '계급'이나 '불평등' 문제를 지목하는 진보주의적 상투어는 공허하다. 물론 청년들의 결핍을 단순히 반페미·반PC '렉카질'[3]만으로 만족시킬 수 있다는 착각 또한 경계해야 한다. 그들이 현상에서는 안티페미니즘으로 자신의 주장을 분출시키지만, 결국 그들에게 진짜로 필요한 것은 경제 문제나 불평등의 해소만이 아니라, 그 과정 안에서 발견할 수 있는 장기적인 삶의 의미, 좌표, 방향성이기 때문이다.

페미니즘·PC주의의 과오에 대한 솔직한 비판과 자기반성 없는 진보수의는 공허하고, 철학 없는 페미니즘·PC주의 비판은 맹목적이다.

3. 왜 유독 청년 남성들이 조던 피터슨에 열광하는가?

조던 피터슨 신드롬은 청년 남성들의 현상이다. 여기에 주목한 조던 피터슨은 '남자에게 인생의 의미란 무엇인가'라는 내용의 강연에서 다음과 같이 말했다. 그에 따르면 청년 남성들은 여성들과 경향의 차이가 있는데, 여학생의 경우에는 사회적인 매뉴얼이나 커리큘럼이 주어지면 그것에 우호적으로 반응하는 데 비해 남학생은 비우호적인 반응을 보이는 경우가 많다는 것이다.

다시 말해, 남학생들은 특별한 '동기 부여 메커니즘'이 주어지지 않는다면

3. 사고가 나면 몰려드는 이른바 사설 '렉카'처럼 이슈마다 조회 수와 후원을 노려 자극적이고 대중영합적인 콘텐츠를 게시하는 유튜버나 사회 유명 인사를 풍자적으로 일컫는 말이다.

사회의 공식적 매뉴얼이나 커리큘럼에 호응하지 않는다. 이것이 오늘날 전 세계적으로 남학생과 여학생 간 학업 성취도 격차로 나타난다. 공교육 시스템이 체계적으로 자리를 잡을수록 그 안에서 여학생은 승승장구하지만, 남학생은 그렇지 못하다. 이건 대한민국만의 현상이 아니다.

조던 피터슨은 이러한 성차를 심리적 보상 체계의 차이로 설명한다. 여성은 사회적 관계 속에서 자신의 역할과 책임을 잘 찾고 또 그 과정에서 만족을 얻지만, 남자아이들은 어떤 역할과 책임을 져야 하는지에 대해 혼란을 겪기 쉽다는 것이다.

여기서 그는 청년 남성들에게 제대로 된 삶의 좌표를 부여하기 위해서는 종교적 심성, 가족에 대한 헌신 등 보수적 가치의 회복뿐만 아니라 장기적인 삶의 목표에 대한 탐색을 독려하는 활동이 있어야 한다고 역설한다. 대학생·청년을 위한 심리 상담 프로그램을 운영해 온 그는 삶에서 감당해야 할 책임을 이야기할 때 유독 청년 남성들이 눈을 반짝였다고 한다. 이와 관련해 조던 피터슨은 다음과 같이 말한다. "그래, 나는 이렇게 쓸모없는 놈이지만, 이 짐을 여기서 저 끝까지 옮길 수 있어!" 이렇게 말할 때 주로 남학생들이 반색했다는 것이다.

그런 그의 임상적(?!) 경험에 비추어 볼 때 책임을 이야기하지 않은 채 오직 권리와 쾌락만을 논하는 진보적 리버럴리즘은 현대 사회의 병증에 불과하다.

보수주의적 가치로의 회귀와 종교적 심성 회복을 중시하는 그의 시대착오적인 처방이 마음에 들지 않는다 하더라도, 그의 현실 진단과 관련하여 주목해야 할 부분이 있다. 그것은 오늘날 동서양을 막론하고 주류 사회 바깥에 있는 청년 남성들이 PC주의와 정체성 정치에 적대적으로 반응한다는 사실이다.

최근 디즈니 등의 미디어·콘텐츠 플랫폼과 거대 게임사들이 기존 영화·게임·애니메이션 시리즈물에서 '소수자' 캐릭터를 부각시키려는 경향이 팽배한 가운데, 기존 시리즈에 대한 애착을 가진 팬덤 사이에서 이를 '원작 훼손' 및 '고증 오류'라며 반발하는 목소리도 강하게 일고 있다. 한편 서브컬처 커뮤니티 전반이 이 논란으로 들썩이는 와중에도 PC주의에 대한 수용 양상이 남녀 커뮤니티 사이에서 확연히 다름을 알 수 있다.

정체성 정치와 PC주의에 대한 여초 커뮤니티의 수용 양상을 한마디로 요약하자면 (아이유의 노래 가사대로) '모르겠으면 외워 Babe'이다. 서구 사회나 1세계에서 유행하는 담론이라면 일단 그것을 '모범 답안'으로 수용하는 것이 청년 여성들의 경향성이다. 그것이 그들을 교육계나 주류 미디어에서 승승장구하도록 만든다.

반면 청년 남성들은 그런 '모범 답안'을 자기 스스로가 내면화할 수 있는 무언가로 지각하지 않는다면 비우호적으로 반응한다. 「스타워즈」의 서사상 외모적으로나 능력으로나 매력적이지 않은 동양인 여성이 왜 뜬금없이 흑인과 키스해야 하는지 납득이 되지 않는다면, 게임 「배틀필드」나 「오버워치」에서 역사적 고증이나 초기 작품 설정을 붕괴시키면서까지 무리하게 소수자 캐릭터를 넣는 것이 이해가 안 되면, 일단 '욕부터 박고' 보는 것이다.

이런 이들의 행태를 '일베화'의 전조나 '혐오주의 확산'의 징후로 읽는 것은 게으른 태도이다. 이들은 그저 사회의 교조적 훈육 방식을 거부하는 것뿐이다.

그런데 이것은 새로운 문제가 아니라, 수천 년 동안 남자아이들을 훈육하는 데 곤란을 겪은 모든 평범한 부모가 공통으로 직면해 왔던 문제이다. 어떤 사회적 당위를 남자아이들이 받아들이지 못하는 것 자체는 문제가 아니다. 진짜 심각한 문제는 남자아이들이 어떤 사회적 의제를 받아들이도록 하는 동기부여 메커니즘이 결여된 사회에 있다.

요컨대 청년 남성들은 매뉴얼화된 형태로 주어진 규율 내지는 커리큘럼에 순응하지 않는 대신 자신이 짊어져야 할 소명, 미션, 책임 의식을 심어주는 순간 모든 열정을 불태운다. 그러한 미션이 종교나 가족 등의 전통적 가치와 관련될 수 있지만, (피터슨이 말하지 않는 선택지인) 혁명이 될 수도 있다.

4. 마주카토의 '미션경제학'에서 단초를 얻다

그래서 많은 이들을 골치 아프게 만드는 최근의 이대남 신드롬에 대처할 방안은 무엇인가? 최근 미국 바이든 정부의 탈탄소·대체에너지 산업 정책 드라이브에 영향을 준 여성 경제학자 마주카토(M. Mazzucato)의 논의에서 한 가지 단초를 얻을 수 있다.

그동안 신자유주의 시장근본주의에 떠밀려 실종된 과거 산업 정책의 부활을 요구하는 그녀의 입장을 한마디로 요약하자면, '경제적 가치'와 '정치적 가치'가 분리될 수 없다는 것이다. 경제적 가치는 오직 시장에서만 규정된다는 과거 신고전파 경제학은 낡은 사상이다. 왜냐하면 기후 변화, 불평등과 같은 거대한 문제를 '해결'하기 위해서는 대규모 자원을 투입하고 과거에 존재하지 않았던 시장(ex; 재생에너지 시장)을 조성해야 하는데 그 역할을 수행하는 것이 국가이자, 보다 근본적으로 정치이기 때문이다. 그는 해결해야 할 문제 및 목표를 위해 구체적인 미션들이 주어져야 한다고 역설한다. 나아가 그는 그러한 미션을 수행하기 위해 국가와 시장을 비롯한 전 사회 부문이 협력하는 '미션-지향(mission-oriented) 산업 정책'을 주창한다. 이 와중에 국가는 경제 성장의 방향을 조종(steering)하는 조타역을 하게 된다.

이 함의를 끝까지 밀고 나가면 단순히 청년들에게 더 많은 일자리나 소득과 같은 '경제적 가치'를 약속하는 것만으로는 부족하다는 것을 알 수 있다. 특히 그러한 것들을 약속하는 것으로 이 시시한(?) 젠더 갈등과 정체성 갈등은 알아서 사그라들 것이라는 기대는 헛된 희망이다. 중요한 것은 사후적 정부 개입과 재분배를 통해 돌아오는 일자리와 소득이 아니라, 그런 개입 속에서 어떤 미션=사명이 주어지고 거기에 내가 어떻게 기여할 수 있느냐는 것이다.

청년 남성들을 진보적 기획에 끌어들이려면 그들이 목말라하는 책임, 사명, 의무감, 본분, 역할에 대한 자각을 끌어내야 한다. 그 이전에 그들을 '병적인 문제아'로 보는 시각 자체를 교정해야 한다. 진짜 병적으로 타락한 것은 그런 모멸적 시선을 주류 미디어를 통해 여과 없이 드러내는 기성 사회 엘리트들이지 청년 남성들이 아니다.

지금 진보·리버럴 담론은 좋든 싫은 사회·문화·경제 활동을 앞으로 주도할 청년 남성들에게 동기 부여를 제대로 하고 있는가? 궁극적인 대의가 평등 사회가 됐든, 탄소 제로 사회가 됐든, 남북 평화 체제 구축이 됐든, 거기서 청년 남성들이 눈을 반짝이면서 호응할 만한 미션과 사명이 주어졌는가? 마치 80년대 대학생들의 눈을 반짝이게 한 민주화라는 소명 의식처럼?

이것은 물론 쉬운 일은 아니다. 마주카토의 '미션-지향 산업 정책'이 야심차게 제안된 이후 눈에 띄는 진전은 없다. 미국에서 들려오는 진보·리버럴 개혁성과는 예컨대 캘리포니아 주의 성중립 장난감 코너 설치 의무화 법안 따위 같은 것이다. 진보·리버럴 엘리트들이 저런 무지성 정체성 정치에 탐닉하는 한 '미션-지향 기획 수립은 처음부터 불가능하다는 사실을 깨달아야 한다. 무엇보다 이제는 청년들에 대한 시혜적인 접근만으로는 그들 내부의 정체성 갈등을 치유할 수 없다는 점 역시 깨달아야 한다. 不

"정치의 본질은 다수를 설득하는 것이다."

-성균관대 총여학생회 폐지 활동 참여자 인터뷰

박세환

오랫동안 외로이 지내다가 20대 중반부터 친구를 사귀고 싶어 인터넷에 글을 쓰기 시작했다. 자신처럼 목소리를 가지지 못한 자들에게 목소리를 찾아주는 걸 삶의 목표로 정하고 3년 전부터 이를 위한 여정을 시작했다. 청년 사회단체 진보너머의 운영위원으로 활동하는 중이다.

성균관대 인문사회과학캠퍼스 법학관과 수선관

© Sungkyunkwan University

2016년 강남역 살인사건 이후 전국에 페미니즘의 물결이 몰아쳤다. 언론은 연일 '여성들의 분노'를 보도했고 정치가들은 앞 다투어 여성을 위한 정책들을 발의했다. 페미니즘은 대세였고 아무도 이에 반대할 수 없을 것으로 보였다. 적어도 겉으로는, 어느 누구도 감히 '페미니즘 리부트' 흐름에 반대할 수 없었다.

하지만 정 반대의 현상이 일어나기도 했다. 이 시기 많은 대학에서 총여학생회(이하 총여병기)가 폐지되었던 것이다. 대부분 투표를 통해서 이루어진 일이었다. 그리고 이는 많은 시사점을 남긴다. 겉으로는 페미니즘이 대세이고 모든 이들이 이에 동의하는 것처럼 보였지만 실제 바닥 민심은 이와 달랐다는 이야기니까.

물론 총여들이 폐지됨으로 인해 스피커를 쥐고 있던 페미니스트들의 영향력이 완전히 사라졌던 것은 아니지만, 적어도 겉으로 나타나지 않았던 침묵하는 다수의 존재를 드러내기엔 충분했다. 소수의 사람이 메가폰을 잡고 시끄럽게 떠들면 세상이 온통 그들의 목소리로만 가득한 것처럼 보이겠지만 그 시끄러움이 결코 다수의 일반의지인 건 아니었던 것이다.

필자는 당시 총여 폐지 운동에 참여했던 인물을 직접 찾아보기로 하였고 성균관대 총여 폐지 활동에 참여했던 V 씨를 만나 인터뷰를 진행할 수 있었다.

나___반갑다. 소개를 부탁한다.
V___대학원생 V라고 한다. 사건이 진행될 당시 성균관대 인문사회과학캠퍼스 사회과학대 재학생이었다. 신원 노출 가능성을 줄이기 위해 더 구체적으로 말하지 못하는 부분은 양해 바란다.

음. 알겠다. 성균관대에서 총여학생회가 폐지되던 그 과정 이야기를 들어보고자 한다. 이 이슈는 어떻게 시작되었나?
'성균관대 총여학생회 폐지'라고 하는데 성균관대는 서울의 인문사회과학(이하 인사캠) 캠퍼스와 수원의 자연과학 캠퍼스, 이렇게 둘로 나뉘어 있고 자연과학 캠퍼스(이하 자과캠)에선 이미 2014년에 총여가 폐지된 상태였다. 나는 2018년 인사캠 총여가 폐지되는 과정에서 활동했었고.

음. 그럼 2014년 이후 한동안은 인사캠에만 총여가 존재했던 것인가?
그게 좀 애매한 게, 일단 서류상으로는 그러하다. 서류상으로는 존재했지만, 실제 총여 학생회장으로 출마하는 사람이 오랫동안 없었기 때문에 실질적으로 운영되었던 건 아니다.

그럼 '2018년 성균관대 인사캠 총여 폐지 사건'은 그저 서류상으로나 존재하던 유령부처 하나를 공식적으로 삭제시킨 정도의 이벤트였던 건가?
뭐 그렇게 말해도 틀린 건 아니긴 하지만 그게 서류 종이 위에 화이트 질 한번 하는 수준의 단순 무난한 일이었다면 그렇게 세간에서 오랫동안 화자 되지도 않았을 것이다.

안 그래도 나 역시 궁금한 게, 2014년과는 달리 2018년은 2016년 강남역 사건 이후 전국을 집어삼킨 페미니즘의 공세 열기가 아직 다 식지 않았을 시기였고 각 대학 내에도 그 분위기에 호응해 페미니즘적 흐름을 더욱 크게 만들어가려던 이들이 없지 않았을 텐데 이들이 '비어있는 총여학생회'라는 쓸 만한 떡밥을 그냥 놔두고 있었는지가 궁금하다.

당연히 그냥 놔두지 않았지. 그 부분을 건드려 총여학생회를 이슈화시킨 건 '그들(페미니즘 그룹)'이었다. 사실 그들로부터 시작된 일이었다.

음. 좀 더 자세한 설명 부탁한다.

당연히 성균관대 인사캠에도 페미니즘적 성향을 가진 이들이 있었고 이들은 2018년에 '성균관대 성평등 어디로 가나'라는 자체적인 그룹을 만들었다. 사람들의 뇌리에서 잊혀가던 총여학생회 이야기를 먼저 꺼낸 게 바로 그들이었고, '성균관대 성평등 어디로 가나.' 줄여서 '성성어'라 부른다. 편의상 그렇게 부르도록 하겠다.

알겠다.

성성어 측은 학내 여성과 각종 소수자들의 권익을 위해선 총여학생회가 다시 실질적으로 운영되어야 할 필요성이 있다고 주장했다.

멀쩡하게 있었던 총여가 없어진 게 아니라 이미 유명무실화되어있던 총여가 다시 살아나려고 하는 그 과정에서 여러 갈등들이 발생했던 거군.

그렇다. 총여를 재개하기 위해 성성어 측은 총여학생회장 후보를 내겠다고 총학생회에 문의했다. 문제는 그게 그렇게 간단한 일이 아니었다는 것이다. 일단 '총여학생회 선거'를 진행할 정당한 권한을 가진 총여 집행부가 존재하지도 않았고 자과캠의 총여가 존재하지 않는 상태에서 인사캠에서만 총여를 재가동한다는 부분 역시 상당히 부자연스럽게 여겨졌다.

이런저런 학내 행정적 문제를 다루기 위해 총여학생회의 학생회칙 여부를 구체적으로 따져볼 필요가 있었는데 여기서 또 문제가 생겼다. 오랫동안 운영되지 않았던 터라 학생회칙 역시 소실돼버렸던 것

이다. 얼마 지나지 않아 문과대에서 그 학생회칙을 다시 찾았다 했으나 그게 정말 왜곡되지 않은 정본이 맞는지 여부가 문제가 된다. 여하튼 이래저래 문제가 많았다.

그렇게 학생회칙 상의 문제 여부를 논하며 총학에서 갑론을박이 이어지던 중 인상적인 일이 일어난다. 글로벌리더 학부 학생회장과 경영대학 학생회장이 대놓고 총여 폐지를 목적으로 하는 학생 총투표를 주장하며 전체 학생회의 대의원 중 1/3의 연서명을 받아 낸 것이다. 학생회칙 상 대의원 1/3 이상의 연서명을 받아낸다면 그 안건으로 총투표를 실시할 수 있다.

음. 한쪽에선 사라져 가는 총여를 살리겠다고 난리인데 누구는 이참에 아예 없애야 한다고 들고 나왔으니 갈등이 심화되는 건 불 보듯 뻔한 일이었겠다.

그렇다.

없어지는 총여도 살려야 한다고 시끌시끌한 와중에 그 두 사람이 "아예 없애야 한다!"라고 나선 이유가 특별히 있었을까?

성성어 측이 보여준 그간의 패악질에 질려서 아니겠는가? 운동권 계열 사람들 방식이 으레 그러하듯, 총여 재활을 꿈꾸는 성성어 측이 좋은 말과 부드러운 태도로 자신들의 견해를 표출했던 건 절대 아니었다. 우리만의 상식이 절대 상식이며 반대하는 이를 잘못된 사람으로 몰아붙이는 그런 태도들 말이다. 학내 인사가 아닌 외부인들까지 끌어들여 피케팅을 하고 시끄럽게 떠들며 분위기 몰이를 하는 것은 오래된 디폴트값인 거고.

#1 ──────────────

글로벌리더학부 학생회장: 앞으로 발언할 때는 조금은 정제된 말투, **신사적인 말투로 말씀해주셨으면 좋겠고** 저는 이 논의가 안건 수정안에 대해 11월 선거를 가능하게 하자는 걸 포함하자

는 이야기인데 가능하다고 봅니다. 가능하지 않은 것은 아니나, 저는 반대합니다.

사회학과 17학번(참관인): 글로벌리더학부 학생회장님께서 신사적인이라는 표현을 사용하였는데 **신사적인 것은 이성적이고 차분한 것이고 반대로 신사가 아닌 사람은 감성적이고 비이성적이라는 여성혐오적 발언이라고 생각해서 이런 공식적인 자리에서는 그런 표현을 자제해주셨으면 좋겠습니다.**

#2 ————————————————
경영대학 부학생회장: **저희 중앙운영위원회는 남학우들만의 대표가 아닌 여학우와 남학우 모두의 대표라고 생각합니다.** 따라서 중앙운영위원회가 이 회칙을 개정하는 이 회칙을 뭐 제·개정하는 데에 있어서 대표성을, 그리고 이렇게 질문해주셨던 것에 대해서는 정당하다고 생각을 합니다.

사회학과 4학년 대표: 아까 경영학과 분께서 말씀하시길, 중앙운영위원회에서 충분히 대표할 가치가 있다고 말씀을 하셨습니다. 그런데 **남성과 여성이 둘 다 있는, 전체를 대표하는 중앙운영위원회와 여학생 학우를 대표하는 전체여학생위원회의 무게는 다릅니다.**

#3 ————————————————
신문방송학과 3학년 대표: 제가 제 이름을 너무 뚜렷하게 발음했는지 **이 안에 계신 누군가가 계속 익명 게시판에 제 이름을 인용하면서 이 상황을 중계하고 계시네요. 익명게시판에서 제 실명이 드러나는 것이 전 무섭고 두렵습니다.** 개인에 대한 보복으로 이어질 수 있기 때문에. 일단 멈춰주시기를 부탁드리는 바이고요

* "본회의 정회원은 본회의 운영 및 집행 전반에 관하여 보고 받을 권리, 본회 모든 회의에 참가할 권리를 가진다." - 성균관대학교 총학생회칙 제5조 제4항

성균관대 학생회 서기록에서 발췌한 내용

이 때문에 원칙적으론 중립이었다고고 하지만 총학생회 내부에서도 폐지 측의 입장에 호의적인 기류가 제법 있었을 것이다. 다 끝나고 나서 하는 이야기지만 만약 총학이 폐지 쪽 입장에 비우호적이었다면 오늘 우리가 알고 있는 그러한 결과가 나오기 아마 어려웠을 것이다. 여하튼 글로벌리더학부 학생회장과 경영대학 학생회장의 연서명에 의해 총여 폐지 여부를 결정하는 총투표의 실시가 확정되었다.

성성어는 불필요하게 과격한 모습을 보임으로써 제 살을 깎아먹었던 거군.
그렇다.

V님 역시 바로 성성어의 그런 모습들 때문에 나서게 된 것이고?
그렇다고 볼 수 있겠다.

그런데 지금 인터뷰처럼, 총여 폐지 활동 역시 익명으로 하셨다고 들었다. 익명으로 주로 어떤 활동을 하셨나?
오프라인에서 직접 나설 수 없으니 주로 온라인에서 여론전을 담당했다. 성균관대학교 에브리타임(이하 에타), 대나무숲, 어둠의 대나무숲 등 당시 성균관대에 존재했던 다양한 온라인 채널들에서 말이다.

익명으로 온라인 여론전을 담당했다라….
어떻게 생각하실지 모르겠으나 총여 폐지 정국 속에서 자신의 신분을 직접 노출하고 폐지 독려 활동을 했었던 이는 연서명을 받았던 글로벌리더학부 학생회장 김지훈 학우와 경영대학 학생회장 음승현 학우, 그리고 내 친구였던 현동환 학우 이렇게 세 명 정도뿐이 없었다. 나머지는 다 온라인 여론전이었는데 거기선 본인이 가장 주도적인 사람이었다고 볼 수 있겠다. 적어도 다섯 손가락 안에는 들 것이다.

혹시 '총여 폐지 학생 위원회' 뭐 이런 조직화된 그룹 활동 같은 건 없었나?

없었다. 그런 그룹 활동을 대놓고 하려면 신분을 노출하고 오프라인에서 뛸 수 있는 사람이 많아야 하는데 전술했듯 "나는 총여 폐지를 주장하며 여러분들도 제 주장에 동참해 주시기 바랍니다"라고 말할 수 있는, 그런 용자 자체가 전 캠퍼스에 3명 정도밖에 없는 상황에서 어떻게 공식 그룹화된 체계적인 활동이 가능했겠는가?

그럼 조직화된 그룹도 없이, 성성어 측의 태도에 문제의식을 가졌던 학우들 하나하나의 개별적 활동과 헌신에 의해 이러한 결과를 이루어냈던 것인가?

그렇다. 그만큼 '메가폰을 잡은 이들'이 주는 압박감이 엄청났다고 볼 수 있겠다. 이미 알고 있는 결과대로, 많은 학우들이 마음속으로 성성어와 페미니즘 세력에 대한 문제의식을 가지고 있었다해도 오프라인에선 성성어 측의 목소리가 더 압도적이었다. 문제의식을 가졌던 이들이 있었지만, 전면에 나서지는 못한 채 대부분 익명 활동을 택할 수밖에 없었던 이유이다. 특히 여자일 경우엔 더 민감할 수밖에 없었고.

글로벌리더학부 학생회장과 경영대학 학생회장이 전학대회 대의원 1/3의 연서명을 받았을 때에도 서명인의 신원을 공개할 수 없었다. 성성어 측의 보복으로부터 서명자들의 신원을 보호하기 위해선 어쩔 수 없는 조치였다고 본다. 물론 성성어 측은 이 부분을 계속 문제 삼았지만 말이다.

대충 어떤 분위기였는지 짐작이 간다. 그런 의미에서 실명으로 폐지 활동을 전개했다는 세 학우님들이 더욱 대단하다고 느껴진다.

내 친구라고 말한 현동환 학우는 총여 폐지 정국 전에도 이미 학내 운동권들의 독선적인 실태를 비판했었던 적이 있었다. '성균인 행동'이라는 운동권 단체가 대자보를 붙였는데, '사드 배치 철회와 대북 규제 중단'이라는 지극히 개별적인 주장이 마치 전체 성균인들을 대표하는 주장인 것 마냥 해 놓았던 게 문제가 되었다. 현동환 학우가 이에 대해 실명 대자보로 문제를 제기했다가 상당한 고생을 했다.

운동권들은 '비민주적이고 폭력적인 사고'라는 표현을 사용해 현동환 학우를 비난했다. 아직도 그 표현만은 기억한다. 한동안 커뮤니티에서 밈이었으니까.

여하튼 난 이를 곁에서 지켜보며 친구로서 위로와 도움을 주면서도 한 편으론 정치적이고 민감할 수 있는 어떤 이슈에 실명으로 직접 개입하는 건 최대한 자제해야겠다고 생각하게 되었다. 지금 논하고 있는 총여 폐지 이슈에서 역시 마찬가지였고 말이다.

그럼에도 아예 손을 놓고 있지는 않았다는 부분 역시 흥미롭다.

그렇다고 운동권과 페미니즘 세력들의 독선과 오만, 막무가내인 태도를 마냥 방관하고 있을 수도 없었으니까. 자신들에게 동의하지 않으면 모두 "백래시"이고, "박살나야"한다는 그런 이들을 계속 놔둘 수는 없었다.

아, 실례가 될지도 모르겠으나 이 지점에서 좀 궁금한 게 있어서 민감한 질문을 하나 해 보고프다. 혹시 정치 성향이 어떻게 되시는가? 우파 쪽이신가?

절대 그렇지 않다. 나는 진보좌파 쪽에 더 가까운 사람이다. 그때도 지금도.

알겠다. 답변 감사하다.

여하간, 우리는 온라인을 중심으로 총여 폐지 여론을 모아나갔다. 성성어 측이 말하는 총여의 역할이란 것들 대부분이 총학생회 내에서 충분히 이루어질 수 있는 데 어째서 별도의 총여가 존재해야만 하는가? 어째서 여학우만을 위하여 존재하는 기구에 남학생도 함께 분담하는 학생회비와 학교 보조금이 들어가야 하는가? 이런 질문들을 던지면서 말이다. 물론 '그들'은 이러한 우리의 문제제기를 모두 "차별과 여성혐오"로 일축시켰지만 말이다.

치열한 온라인 젠더 전쟁이 일어났겠군.
음, 어떻게 생각할지 모르겠으나 우리가 온라인 여론전을 이끌면서 나름 중시했던 부분이, 이 싸움이 상투적인 남녀 싸움으로 보여선 안 된다는 것이었다. 반민주적 운동권 세력과 민주주의의 싸움이어야만 했고, 또한 실제로도 그러했다고 본다. 유념해야 할 부분은 인사캠엔 여학우의 비중이 더 높다는 것이다. 우리는 이 여학우들을 전부 적으로 돌리고 싶지 않았다. 남녀 싸움이 아닌 민주 대 반민주. 이것이 실제로도 잘 먹혔다고 본다.

많은 이들이 오프라인에서 직접 나서길 꺼려했던 것과는 달리 온라인에서는 어느 정도 게임이 됐던 모양이다. 어찌 되었건 폐지 투표가 확정된 이상 성성어와 페미니스트들도 가만히 있을 수는 없었을 텐데 그들은 대체로 어떤 식으로 홍보활동을 했나?
홍보활동? 성성어와 페미니스트들은 아예 투표의 정당성 자체를 인정하지 않았다. 처음부터 정당하지 않은 투표이므로 투표 자체를 부정하고 보이콧해야 한다고 주장했다. 그것이 그들의 홍보활동이라면 홍보활동이겠다.

그들은 학내에 외부인사들을 마음대로 불러와 시위를 열고 자신들에게 호의적인 로스쿨 선배들의 목소리까지 빌려오는 등의 다양한 방법으로 총여 존치 입장을 지지하도록 압박하는 분위기를 만들었다. 소위 당시 민주동문회의 성명까지, 현직 국회의원(기동민)이 포함된 역대 총학생회/총여학생회 임원 성명까지 들고 와서 주권자인 재학생 학우들이 '감히' 총여학생회 폐지 의견을 밝히지 못하도록 분위기를 형성하는 데 최선을 다 했었다.

성균관대총여폐지투표포스터 (2018)

음, 그런데 이건 좀 결과론적인 이야기일 수도 있겠지만 투표 자체를 보이콧하자고 주장하는 건 무언가 현명하지 못한, 그들의 전략적 패착 아니었나 하는 생각이 든다.

결과론적으로 보면 그럴 수 있지만 당시만 해도 그렇게 어리석은 전략이 아니었다. 학생 총투표라는 게 백 명이면 백 명, 천 명이면 천 명, 얼마가 투표를 했건 모두 적용되는 그런 시스템이 아니었으니까. 전 재학생의 50% 이상이 투표에 참가해야만 투표함을 개봉하고 그 결과를 실질적으로 적용시킬 수 있었다. 학생들이 취업준비에 바빠 학내 정치적 상황에 관심을 가지기 어려운 오늘날의 대학가 분위기를 감안해보건대 '재학생 50%의 참여'라는 조건은 결코 달성하기 쉬운 조건이 아니었다.

성성어의 입장에선 찬성 대 반대의 싸움으로 가서 승리하기보단 무관심 여론에 묻어가 총투표율이 50%가 안 되게 해서 투표함을 아예 개봉할 수 없도록 만드는 쪽이 아마 더 쉬운 목표로 보였을 것이다.

그러고 보면 성성어 쪽이 더 유리한 게임으로 보이기도 한다.

맞다. 반복하는 말이지만 인사캠은 자과캠과 달리 여학생의 비중이 더 높다는 부분 역시 무시할 수 없는 부분이었고, 어떻게 봐도 결코 만만한 게임은 아니었다. 때문에 온라인 여론전을 진행하며 "어차피 안 될 거다"라는 식의 비관론을 불식시키는 게 무척 중요했다. 여론전을 하며 "이 싸움은 민주와 반민주의 싸움이며 우리는 이길 수 있다"라는 취지의 글을 에브리타임 게시판에 올렸었는데 750개의 '좋아요'를 받고 2018년 하반기 BEST 게시판 3위를 기록했던 기억이 남는다.

어찌 되었든 성성어 측의 온갖 방해에도 불구하고 10월 10일부터 본격적인 투표가 실시되었다. 물론 투표소 앞에서 소리를 지르며 진행을 방해하려하는 움직임도 있었고 순탄치진 않았지만 투표하는 학우들에게 작은 멘토스를 나누어 주며 소중한 한 표를 호소했다.

첫째 날의 성과는 고무적이었다. 첫날에만 무려 25%가 넘는 투표율이 나왔다. 실로 고무적이었는데, 이 좋은 분위기가 고작 하루 만에 뒤집혔다. 둘째 날까지의 투표율이 35%대에 머물렀던 것이다. 이 기세로 종료 때까지 50%의 투표율을 달성한다는 건 상당히 어려워 보였다.

투표를 며칠 동안 하는 건가?

기본 3일이고 투표 관리위의 판단으로 하루를 더 연장할 수 있는 시스템이었다. 가능하면 3일 만에 50%를 달성하는 게 가장 모양새가 좋았을 테고 말이다. 성성어 측에게 괜한 트집거리를 만들어주지 않으려면 말이다. 하지만 이런 상태라면 '3일 만에 50% 달성'은 당연히 물 건너갔고 설령 하루를 더 연장한다 해도 과연 50%를 달성할 수 있을지도 회의적이었다.

안타깝다. 참여하는 사람이 조금만 더 있었으면 좋았을 텐데 말이다.

둘째 날부터 패배주의가 난무했다. 함께하는 학우들과 술을 마시며 걱정을 토로했던 기억이 난다. 전단지도 만들어 나누어주고 서로 알고 지내는 지인들에게 소중한 한 표를 달라 보다 적극적으로 부탁해보고 투표 독려에 더욱 박차를 가해보자, 이렇게 서로를 다독였다.

우려스러웠던 것 중 하나가 패배주의와 함께 섞여 나오는 성 갈등적인 목소리였다. 성성어 측이 아닌 우리 쪽에서 말이다. "여자들 때문에 망했다." "이게 다 여자들 때문이다."

하아. 한 명이라도 더 아군으로 끌어들여도 부족할 판에 대체 이게 뭐하는 짓들인가! 아까 이야기했듯 이 싸움이 상투적인 남녀 싸움으로 변질시키지 않는 건 정말 중요했다. 온라인 여론전을 진행하

뱀들아 나 너무 속상해서 눈물나노 지금 마음이 너무 아프노 우리가 여성들 위해 다같이 싸우는 거 아니
노?

등업 18:53 183

목록   댓글 23   가

지금 성균관대학교에서 총여학생회 폐지 총투표를 하고있다이기야

총여 후보가 나오자마자 대의원 3분의 1이 밀어붙인 날치기 투표노.
발의자 명단도, 충분한 사유도 토론도 없는 가짜 투표노
이거 보이콧운동하고있거든 지금..

근데 보이콧 운동 하는 동안 총학 회장이 와서 우리한테 막 소리지르고
우리 가만히 서있는것만으로도 학생들이 6위협감9을 느끼니까
그만하시라고 그렇게 지랄을 했노

근데 나 오늘도 보이콧 운동하고 이제 공부할라고 도서관가는데,
이거 발의한 자댕이 한명이랑
투표관리위원회 여성 셋이
줄 넷이서 지나가는 사람 한명한명씩 투표하셨어요!?!
이렇게 외치듯이 물어보더노
이거야말로 위협이 아니면 뭐로

그래서 내가 그 행위는 위협감을 줄 수 있으니..
까지 말햇는데..

그 옆에 여성 셋 중 한명이 크게 풉!!
하고 웃으면서 자기들끼리 비웃더노
여성이 그랬노

내가 총여 나 하나 좋자고 하는 운동도 아니고..
내가 시위 나 좋자고 나가노?
나 뿐 아니라 억울한 일 당할 수 있는
너를 위해 우리여성 모두를 위해 나가는건데

거기 주운데 업하고 하이힐신고 자댕이 옆에 서서
총여 폐지하지 말자고 운동하는 여성을 비웃을수가 있노
너무 슬프노 나
눈물이 안멈추는데 어떡하노

막판에 이슈가 되었던 문제의 그 글

며 그런 성별 갈등적인 목소리들을 주변부로 밀어내는 게 성성어 측과 맞서는 것 못지않게 중요한 일이었다.

여하간 셋째 날까지 44.8%의 투표율이 나왔다. 투표관리위의 판단으로 하루를 더 연장하기로 했고.

결국 그 마지막 날에 50%를 간신히 넘겼군.

셋째 날에 의미심장한 사건이 일어났다. 투표를 독려하던 글로벌리더학부 회장이 총여지지자로 보이는 한 여학우로부터 위협을 당하는 일이 발생한 것이다.

그 여학우는 투표 독려 운동 행위가 자신에게 위협적으로 여겨진다며 글로벌리더학부 회장을 거칠게 몰아세웠다. 황당한 일이었다.

공교롭게도, 그 여학생이 쓴 것으로 추정되는 글 하나가 워마드 게시판에서 발견되었다. 글로벌리더학부 회장의 투표 독려 활동을 비난하는 그 글은 '자댕이', '69', '~노'같은 걸쭉한 워마드 식 표현들로 버무려져 있었고 이 글은 다른 성균관대 온라인 커뮤니티들로 빠르게 퍼져나갔다. 지금 생각해 보면 이 사건이 막판에 여론을 크게 움직였던 것 같다.

2018 성균관대학교 인문사회과학캠퍼스
학생총투표 의결사항 공고

총유권자수	9,242	찬성	4,031
가투표수	4,842	반대	716
투표율	52.39%	무효	107

성균관대학교 인문사회과학캠퍼스 총학생회칙 제19조에 따라 본회 정회원 9,242명 중 4,842명(52.39%)의 투표와 유효투표 4,747표 중 4,031표(84.91%)의 찬성으로 투표안 '성균관대학교 인문사회과학캠퍼스 총여학생회를 폐지한다.'가 가결되었음을 공고합니다. 또한, 학생총투표 의결사항을 공고함과 동시에 학생총투표 투표관리위원회는 해산합니다.

2018년 10월 15일
2018 성균관대학교 인문사회과학캠퍼스 학생총투표 투표관리위원회

이 기세를 몰아 우린 혼신의 힘을 다해 막판 투표 독려 활동에 임했다. 외국어로 된 전단지까지 따로 만들어 외국인 유학생들에게 나누어 주며 투표를 독려하기도 했다. 그리고 결국 4일 차까지 52.39%의 투표율을 이룩해냈다. 83%의 압도적인 찬성률로 그렇게 총여 폐지가 확정되었다. 울분에 차서 "니들이 총여 문 닫았어!"라며 일갈하던 모 운동권 노장의 사자후가 기억에 남는다. 학우들 사이에서 오랫동안 회자됐지 아마?(웃음)

정말 파란만장하다. 한 편으론 성성어 측에서 투표 적극 참여를 말하며 반대 여론을 기권이 아닌 반대표로 투입시켰다면 어떤 결과가 있었을지 궁금하기도 하다.

모르는 일이다. 중요한 건 그들이 그렇게 하지 않았다는 것이고, 결국 총여가 폐지되었다는 거겠지. 여하튼 이 승리는 투표자들에게 멘토스를 나누어줬던 것에 기반해 '멘토스 혁명'으로 명명되어 지금까지 언급되고 있다. 그리고 뒤이어 동국대에서, 연세대에서, 여기저기의 총여학생회들이 역사의 뒤안길로 사라졌다.

그 뒤에 성성어는 어떻게 되었나?
에타 때문에 패배했다고 분풀이하다 욕을 더 먹었다. 이들은 아직까지도 에타를 비난하는 걸로 아는데 그저 안타까울 뿐이다. 우리 쪽에선 투표방해 활동을 했던 성성어 측 인사를 경찰에 고발하자는 의견도 있었지만, 학생회의 입장이든 총여 폐지 활동에 참여했던 개개인의 입장이든 어느 쪽으로도 시도하기 애매했던 탓에 무산되었다.

후일 성성어 쪽에서 총여학생회장 후보로 나오려 했던 인사가 이 결과에 탄식하며 총여 재개 후 밀어붙일 예정이었던 정책들을 적어 올린 글을 보게 되었는데... 반 성폭력 수업 강제 이수와 같은 레디컬 페미니즘적인 정책들이 많았고 정말 그대로 되었다면 어쩔 뻔했을까 하는 생각에 소름이 돋는다.

후에 성성어는 학교를 나와 '유니브페미'라는, 알 만한 사람은 알 법한 페미니즘 단체를 만들었고 서울시의 지원을 받으며 활동을 해 나가는 것으로 알고 있다. 나중에 안 사실인데 당시 성성어 쪽에서 활동했던 일부 인사가 특정 정당의 관계자라고 하더라.

- 반성폭력 필수 수업 개설(전공진입/졸업 요건)
- 학기별 교수 성평등 강의 서약서 받기,
  학기말 이행 여부 공고
- 분기별 페미니즘 강연 개최
- 3월 페미니스트 캠프
- 단과대별 여학생위원회 건설 추진위원회 운영
- 자연과학캠퍼스 여학생 기구/여성주의 모임 지원

총여가 재개되었을 경우 예정되어 있었던 주요 공약들

정말 스펙터클한 이야기였다. 혹시 마지막으로 덧붙이고 싶은 말이 있는가? 이 과정을 거치며 특별히 느꼈던 부분이라든가...
따지고 보면 굉장히 정치적인 활동이기도 했는데, 정치의 본질은 결국 다수를 설득하는 것이다. 그리고 그러려면 다수를 포용할 수 있는 포지션을 취해야만 한다. 그런데 성성어의 페미니스트들은 그렇게 하지 않았고, 소수의 극단주의자가 중심이 되어 우리만 옳다며 다수를 배척하는 방향으로 나아갔다. 결국 그들은 실패했고 정치집단이 극단적인 소수에 이끌려 한

없이 교조적으로 나아갈 경우 어떤 결과가 초래되는지를 보여주는 좋은 사례로 남게 되었다.

이는 페미에 맞선다는 이들에게도 많은 시사점을 준다. 아닌 게 아니라 오늘날엔 페미니즘의 반대편에 있다는 이들도 점차 극단화되는 경향이 나타나는데 이를 보며 안타까움을 느끼곤 한다.

지금 많은 여성이 페미니스트로 여겨지길 꺼리곤 한다. "페미니스트냐?"라는 질문을 일종의 모독으로 여기는 경우도 왕왕 있다. 왜 이런 현상이 나타났겠는가? 이러한 현상은 페미니즘을 떠나 어떤 정치 세력에게도 발생할 수 있음을 유념해야만 한다.

반복하는 이야기지만 솔직히 성성어의 문제가 컸다. 아니, 대의민주주의에 관한 가장 협소한 정의(최소주의적 민주주의)는 주권자의 뜻을 선거나 투표를 통해 묻는 것, 세 글자로 줄여서 표 싸움인데 그 자체를 남성 중심적 민주주의라며 얼치기 실질적 민주주의로 덮어버리고, 보이콧을 하는 등 처음부터 현실 정치를 할 생각이 없었던 게 아닌지. 페미든 반페미든 하다못해 뭐 '날아다니는 스파게티님 국교 추도 모임'이든 결국 표 싸움에서 살아남아야 자기 뜻을 펼칠 수가 있다. 아니면 뭐 폭력혁명이라도 해야 되는데, 이제 와서?

좋은 말이다. 마지막으로 물어보고 싶은 게, 만약 비슷한 일이 또 발생한다면 다시 나서서 활동할 생각이 있는가?
아 솔직히 두 번은 자신이 없다. 비정치인이 감당하기엔 힘든 일이었다.(웃음)

알겠다. 인터뷰에 응해줘서 감사하다. 의미 있는 대화였다.
나 역시 과거의 기억을 되짚어보는 흥미로운 시간이었다. 不

반짝이

가

되었나

페미니즘이 주입한
피해 의식에서 벗어나기

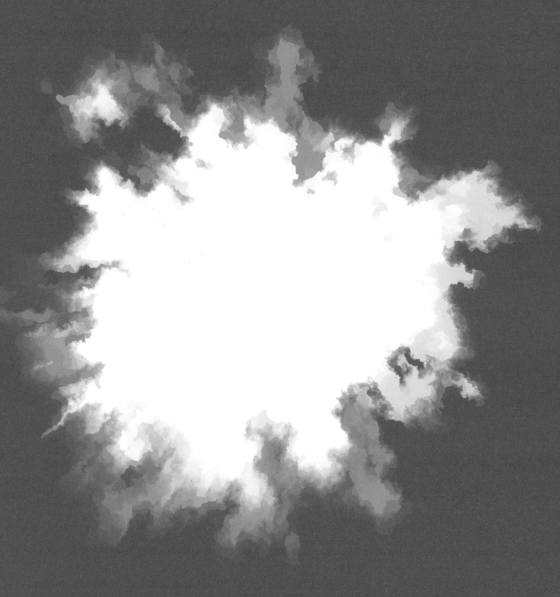

이선옥

작가, 이선옥닷컴 대표

1
들어가며

4년 전의 일이다. 20대 여성들이 주로 읽는다는 매체에서 원고를 의뢰받았다. 하고 싶은 이야기를 자유롭게 쓰되 삽화를 그려야 하니 주제를 미리 요약해 달라고 하기에 마감 사흘 전에 간략한 요지를 보냈다. 내가 쓰려는 주제는 '여성의 선택과 책임'이고 이런저런 내용으로 쓸 예정이라는 설명을 보냈더니 메일을 확인한 담당 편집자(젊은 여성)한테 우려의 회신이 왔다. 몇 가지 조건에 맞춰 원고를 보내 달라는 내용이었다. 그녀는 나의 글이 여성을 나무라는 톤이 아니었으면 좋겠고, 내가 선택한 주제가 여자들이 읽기에 정말 납득 가능한 것인지 고려해 달라며 정중하게 요청했다.

생각지 못한 요구를 받은 나는 고민 끝에 마감 이틀을 남기고 원고를 쓸 수 없겠다고 통보했다. 당황한 편집자는 자신의 메일이 오해를 불러일으킨 것 같다며 사과했고, 그녀의 상사도 무례함을 인정하고 사과할 테니 원래대로 원고를 써 주십사 요청했다. 마감 이틀을 남겨 두고 갑자기 약속한 원고를 거절하는 일은 일종의 계약 위반이다. 원고료를 받고 글을 쓰는 전업 작가 처지에서 쉽사리 내린 결정은 아니었다. 상대방의 곤혹스러움 또한 짐작하고도 남았다.

계약 위반에 해당하는 일을 결정하고 실행할 때는 그만한 명분이 있어야 하며, 직업인이라면 당연히 후속 사태에 대한 책임감을 가지고 일처리를 해야 한다. 나는 내가 왜 이런 결정을 내렸는지 차분하게 설명하는 메일을 보냈다. 그녀 또한 자신의 의도에 대해 해명해 왔다. 우리는 통화와 메일로 대화하며 서로의 의도를 악의적으로 해석하지 않고, 감정이 상하지 않았음을 확인하면서 다음 기회에 꼭 쓰기로 하고 사태를 마무리했다.

지금까지 그런 요구와 함께 원고 청탁을 받았던 적은 없었다. 사회적으로 첨예한 주제를 다루거나, 매체의 주 독자층에게 민감한 사안을 의뢰할 때 '알아서 잘 써 주시리라 믿습니다' 정도로 에둘러 당부하는 경우는 간혹 있었다. 그러나 그런 말을 할 때도 의뢰인들은 행여 작가의 고유 영역을 침해한다는 인상을 줄까 지나칠 정도로 조심스러운 어휘와 태도로 부탁한다. 무엇이든 자유롭게 쓰라고 하고서는 여성을 나무라지 말라거나, 여성이 납득하기 어려운 주제를 피해 달라는 상호 모순된 요구를 해오는 일은 없었다.

젊은 여성 편집자는 자신이 페미니즘을 통해 많은 걸 배웠다고 했다. 그녀 자신이 페미니스트이다 보니 행여 나올지 모를 페미니즘 비판 글을 막는 일에 급급했다. 페미니스트라는 정체성이 직업인으로서의 판단력과 책임 의식을 마비시킨 것이다.

페미니즘에서 많은 것을 배웠다고 말했던 그녀가 그 이념에서 배운 것은 무엇이었을까? 그녀의 행동에 비추어 보면 직업인으로서의 커리어를 망치더라도, 무례하다는 비난을 받더라도, 동료들과의 협업에 피해를 주고, 공적 과업에 실패하더라도 페미니즘 비판을 막는 게 우선이라는 행동 준칙이다. 페미니즘이라는 '옳은' 것이 공격받아서는 안 된다는 신념으로 가득 찬, 자신의 이데올로기를 곧 정의로 절대화한 사람들의 전형적인 행동이다.

오늘날 페미니즘은 여성들에게 성숙한 어른으로서 마땅히 져야 할 책임, 타인에 대한 존중, 공동체 구성원으로서 행동 준칙을 가르치지 않는다. 이들은 현실의 삶에서 필수적인 직업윤리, 책임, 협동과 같은 개념을 쉽사리 가부장적 악습으로 치부해 버린다. 악습의 자리를 대체한 것은 새롭고 진취적인 지향이 아니라 자신과 주변, 사회를 불행하게 만드는 피해 의식과 관계의 파괴이다. 페미니즘의 시대가 열리면서 이러한 피해 의식이 만들어 내는 사회적 관계의 충돌과 과업의 실패들이 곳곳에서 다양한 형태로 계속되고 있다.

2
페미니즘의 거짓말

'만일 당신이 페미니즘으로 세상을 바라본다면 진리를 발견할 수 있고, 더 다양하고, 더 깊이 있으며, 더 따뜻한 시선을 가진 성숙한 인간이 될 것이다'라고 말하는 페미니스트를 흔히 볼 수 있다. 페미니스트들은 말한다. 페미니즘은 여성들에게 진리, 각성, 용기, 자유, 승리, 해방을 가져다주었다고. 실제로 그것들 중 일부 혹은 그 모두를 느끼는 여성이 존재할 수 있다.

현재 한국 사회는 공적 정체성을 가진 모든 집단(정당, 언론, NGO, 대학, 사법부, 노동조합 등)이 페미니즘 지지를 선언한 상황이며, 그 어느 때보다 페미니즘이 막강한 영향력을 발휘하는 중이다. 그렇다면 페미니즘의 지배력과 비례

해 그 어느 때보다 여성들이 진리를 발견한 성숙한 지성인으로서 행동하며, 자유롭게 타인과 소통하고, 스스로에 대해 두려움 없이 직면하는 용기를 가졌는가? 그러한 여성들을 많이 볼 수 있는가?

만일 페미니즘이 여성들에게 그러한 덕목을 가져다준다면 우리는 주변의 페미니스트에게서나 이를 지지하는 여성들에게서 쉽사리 그러한 덕목을 느낄 수 있어야 하며, 사회 전체적으로도 달라진 여성들의 모습이 유의미한 경향으로 쉽게 감지되어야 할 것이다.

그러나 현실은 어떠한가? 오늘날 이러한 여성들이 많아졌다고 느껴지는가? 페미니스트에게서 이러한 덕목을 발견할 수 있는가? 오늘날 페미니스트나 페미니즘에서 연상되는 덕목은 어떤 것들인가?

수년 동안 페미니즘의 영향을 받은 페미니스트의 모습을 지켜본 결과 이들에게 공통으로 발견되는 특성은 안타깝게도 긍정적 요소가 아니다. 이들은 분노에 참, 무례함, 책임 의식 없음, 공격적임, 과잉 공포에 빠짐, 공포를 전시함, 피해 의식에 사로잡힘 등으로 설명된다. 페미니스트들 스스로도 이러한 특성을 부인하지 않는다. '화난 여자들', '너희들의 세상을 부술 것이다', '여자라서 죽임을 당한다' 등은 이들이 즐겨 쓰는 수사다.

어떠한 이념을 받아들이고 그에 따라 자신의 인생관과 가치관을 정립하는 일은 인간의 삶에서 중요한 경험이다. 그러나 근대적인 국가에서 살고 있고, 우리가 동료 시민들과의 상호 작용을 통해 삶을 꾸려나가야만 하는 사회적 존재임을 감안하는 사람-우리는 이를 성인(成人)이라고 한다-이라면 이념을 받아들이고 난 이후 변화의 결과가 온전히 개인에게 귀속되지만은 않는다는 것 또한 알아야 한다.

이를테면 개인에게는 용기의 발로인 행동이 타인에게는 무례한 폭력일 수 있고, 개인에게 승리인 것이 타인에게는 가해일 수 있다. 개인적 각성으로 발견한 진리가 타인의 진리 발견을 차단하는 억압의 기제로 작동하기도 한다. 그래서 우리는 항상 내가 추구하는 가치와 공동체 성원으로서 지켜야 할 규범의 경계를 인식해야 한다. 과연 이 시대 페미니즘은 여성들에게 이러한 상호적 연관성과 부정적 결과, 가치와 규범의 경계까지 일깨우고 있는가? 우리 모두가 확인할 수 있듯 그렇지 않다.

3
피해 의식이 불러오는 연쇄적 불행효과

젊은 여성들에게 하고 싶은 말을 한 가지만 하라고 한다면, 나는 피해 의식 없이 살아가기를 권하겠다. 피해 의식은 인간의 정신을 불행한 방향으로 잠식해 들어간다. 모든 인간에게 피해 의식은 극복하거나 기피해야 할 감정이지만 특히 젊은 여성들이 이에 취약하다. 서울대 연구팀의 2019년 행복도 조사 결과에 따르면 한국 사회에서 20·30대 여성이 주관적으로 느끼는 행복감이 가장 낮은 것으로 나타났다.* 생물학적 요인과 사회적 요인 모두 복합적으로 영향을 끼친 결과이겠지만, 어쨌든 젊은 여성들이 불행을 느낀다는 사실만은 분명하다.

나는 페미니즘 또한 이러한 불행감에 한 가지 원인으로 작동했다고 생각한다. 앞날이 창창한 여성들이 고통 속에서 허우적대며 갈피를 잡지 못하고 혼란스러워하는 데에 영향을 주는 게 무얼까 수없이 관찰한 후 내린 결론이다. 피해 의식이란 만사에 내가 피해를 보고 있다고 생각하는 상태다. 억울함이 시대정신이라는 말이 있을 만큼 각자 자신의 고통으로 힘들어하는 세상이다. 그런데 페미니즘은 여기에 더해 '여자라서 불행하다, 여자는 구조적 피해자다, 여자라서 죽임을 당한다'는 피해 의식을 반복적으로 주입한다. 페미니즘이 설명하는 우리 사회는 '사회 구성원 모두가 여성에게 적대적이며, 여성을 혐오하고, 언제든 여성을 때리거나, 죽이거나, 차별하려는 악의에 가득 차 있는 세상'이다.

여성들은 사실과 다른 이러한 주장을 왜 받아들일까? 페미니즘이 면책 논리를 제공하기 때문이다. 사람은 누구나 살면서 불행한 일을 겪는다. 경제적으로 불안정한 상황이라면 불행한 일을 더 자주 겪을 수밖에 없다. 미래가 불투명한데다 자신의 행복을 일상적으로 전시하는 온라인상의 비교 전쟁과 주목 경쟁 문화에 익숙한 세대일수록 주관적 행복감은 낮아진다. 불행의 원인을 찾아 해결하고 싶지만 쉽지 않다. 다만 그 원인이 나에게 있지 않기를 바란다. 내가 비참한 원인이 내게 있다면 더 비참해질 것이기 때문이다.

이때 페미니즘이 나타나 너의 불행은 너의 탓이 아니라 네가 여자이기 때문이라고 말해 준다. 내 노력이 부족했던 게 아니라 여자였기 때문에 실패했고, 불운하게 범죄의 피해를 본 게 아니라 네가 여자였기 때문에 당한 것이고, 너조차 이해할 수 없었던 너의 이상 행동은 정서적 연약체인 너에게 가스라이팅을

* 연합뉴스, 「한국인 행복감은 보통… 2030여성, 주관적 행복감 최하」, 2019.04.09.

한 남자 때문이라는 답안지를 준 것이다. 내가 당했던 무시, 겪어야 했던 실패에 대해 더 이상 나의 탓을 할 필요가 없어졌다. 인정하고 싶지 않았던 나의 불행한 순간들이 돌아보니 모두 여자라서 당한 것이었다는 깨달음! 이것이 페미니즘이 말하는 각성이다.

각성의 순간은 쾌락을 선사한다. 그러나 그 뒤에 무엇이 남는가? 성별이라는 요인은 원한다고 해서 바꾸거나 변화시킬 수 없다. 세상을 변화시키기 위해 남자들에게 증오의 언어를 돌려주라거나, 쏘아붙이는 말을 매뉴얼로 장착해 타인을 향해 내뱉으라는 페미니즘의 행동 준칙들은 일시적인 쾌감은 줄 수 있을지언정 해결책이 될 수 없다. 누군가와 끝없이 불화해야만 하는 방법이기 때문이다. 인간은 타인과 불화하면서 행복할 수 없다. 불화는 불행한 상태를 연장시킨다. 이념은 활자 안에서 완벽할 수 있지만 실체적 불화와 불행감을 감당해야 하는 건 결국 인간 개인이다. 여자라는 성별 요인은 바뀌지 않는데 여자로 사는 한 이러한 불행을 계속 겪어야 한다면 절망에 빠지게 된다. 여자이기 때문에 불행했던 것이라는 각성은 스스로에 대한 면책이라는 해방을 가져다주었으나, 대신 타인에 대해 원천적인 악의와 적대감을 심어주었다. 갈피를 모르는 분노는 걷잡을 수 없이 난반사되고, 분노 때문에 벌인 비윤리적 행동에 요구되는 책임은 피해 의식을 발동시켜 면책 논리를 만들어 낸다. 내 모든 사고와 행동의 중심에서 피해 의식이 떠나지 않는다. 한 인간에게 이러한 삶의 반복은 사막의 모래 구덩이에 빠져 허우적대는 것과 같다.

4
어떻게 해야 할까?

여성들에게 성공적 롤모델이라 칭송받았던 강경화 전 외교부장관이 재임 중 이런 인터뷰를 했다. 여성으로서 직장에서 겪는 편견에 대해 조언해 달라는 말에 그녀는 이렇게 답했다.

"'내가 한국인이라, 동양인이라 차별하는 건가?' 상황이 좋고 결과도 좋고 협력도 잘 될 때면 그런 생각 안 하죠. 그런데 갈등이 있거나 반대하

는 사람이 있거나 실망하게 되면 '내가 여자라, 한국인이라 그런가?' 그런 생각이 드는 거예요. 저 역시도 정말 열심히 노력하고 있습니다. 정말 아무 의미 없는 데서 '진의가 뭘까?'라고 고민하지 않으려구요. 기본적으로 상대가 무슨 말을 하면 그걸 있는 그대로 받아들이세요. 너무 지나치게 의심하지 말구요. 상대의 말을 두세 번 곱씹으면서 괜히 넘겨짚지 마세요. 그건 정말 건강하지 않은 업무 습관인데, 그 생각에 빠지는 게 너무 쉽습니다. 그런 마음의 덫에 빠지는 동료들을 너무 많이 봤어요. (…) 겉에 보이는 대로 받아들이세요. 사람들에게 일단 믿는 모습을 보여주세요. 저 역시도 정말 노력하고 있습니다. 사람들에 대한 제 신뢰를 항상 보여주기 위해서요." | 강경화 UN사무차장보와의 대화 - Korea Society (2013.12)

피해 의식을 버린다는 것은, 언제나 나는 피해를 입지 않았다고 생각하라는 의미가 아니다. 살면서 피해를 보는 일은 당연히 있다. 그것이 때로는 여성이라서 당하는 피해일 수도 있다. 그러나 당연하게도 그것만이 전부는 아니다. 피해가 어느 정도인지, 나의 행동으로 인한 피해는 얼마만큼이고, 내가 통제할 수 없던 다른 원인은 어느 정도인지, 내 행동에 따른 결과라면 다음엔 같은 피해를 보지 않도록 해결 방법을 모색하고, 내가 통제할 수 없었던 상황에서 온 것이라면 어쩔 수 없는 일이었다고, 내 잘못이 아니라고 잊으면 되는 것이다.

감정의 찌꺼기를 남기지 않는 대신 문제 해결 중심의 태도로 사는 것, 내가 실제 입은 피해보다 과장되게 생각하지 않는 것, 나의 일을 객관적으로 평가하는 것, 타인의 말과 행동을 기본적으로 선의에 기반해 해석하는 것, 그리고 나의 행동에 책임을 지는 것. 이러한 삶의 태도가 당신의 불행을 해결할 수 있는 '과업'으로 만들어 준다.

피해 의식은 인간 내면의 부정적 요인들을 끌어모으는 자석과도 같다. 피해 의식으로 인해 인간은 분노, 불안, 우울, 자존감 하락, 불쾌감, 자기혐오에 빠진다. 가장 시급하게 버려야 할 개념을 페미니즘이 여성들에게 끊임없이 주입하고 있는 것이다. 그래서 페미니즘과도 결별해야 삶을 행복하고 풍요롭게 변화시킬 수 있다. 이념은 인간을 위해 존재하는 것이지 인간이 이념을 좇아 불행하게 살 이유는 없다.

나는 비행기를 탈 때마다 공포에 휩싸인다. 이륙해서 땅을 벗어나 공중으로 떠오를 때 가슴이 덜컹 내려앉는 그 느낌이 무섭다. 놀이기구를 타다 실제 기절한 적도 있을 만큼 비행기를 무서워한다. 하지만 데이터는 비행기가 가장 안전한 교통수단임을 알려준다. 내 공포는 주관적이지만 실존하는 것이고, 데이터는 정확하고 객관적이지만 내 주관적 감정에는 영향을 주지 못한다. 그러나 어쩔 것인가. 이성으로 공포를 제압하면서 내가 지금 탄 비행기가 사고가 날 확률은 거의 없으며, 만에 하나 그런 일이 벌어진다면 그건 어쩔 수 없는 일이라고 생각하며 비행기를 탈 뿐이다.

대신 나의 근거 없는 주관적 공포에서 비롯됐지만, 실제 벌어질지도 모르는 아주 적은 확률의 사고에 대비한다. 혹시 시신이 발견될 경우를 대비해 속옷을 깨끗하고 예쁜 것으로 입고, 노트북의 폴더에 유서를 써 두고, 직계 가족에게 평소 늘 유언을 남겨 둔다. 그리고 휴대전화에 담긴 비밀들을 비행기 타기 전 모두 지운다. 나는 죽고 없어지더라도 누군가 나의 기기에 담긴 일들 때문에 혹시라도 피해를 입지 않도록 하기 위해서다. 이것이 내가 찾은 공포에 대한 해결 방식이다.

우리는 살면서 불쾌한 일을 겪고 의도하지 않은 결과에 당혹스러울 때도 있지만, 뜻밖의 위로와 우연한 행운도 경험한다. 노력이 부족해서, 내가 못나서, 상대방이 반칙을 해서… 등의 이유로 패배를 위안하게 된다. 어떤 이들은 내 탓이라 하고, 어떤 이들은 세상 탓이라고 한다. 어떤 건 내 탓이고, 어떤 건 세상 탓이다. 내 탓이 큰 사안에도 세상 탓이 없는 건 아니고, 온전히 세상 탓만 있는 게 아닐 때도 있다. 인생을 살면서 당연하게 따라붙는 삶의 부조리에 대해 이해하는 것이 성인의 징표다. 삶은 고정불변의 요인 때문에 영원히 고통스럽기만 하지 않다. 타인은 언제나 내게 악의적이지 않다. 그래서 고통에 대한 천착과 피해 의식은 여성들의 일상을 불행으로 이끌 뿐이다.

페미니즘이 가르친 피해 의식, 면책 논리, 분노, 공포, 적대감, 공격성, 폐쇄성, 비난이 차지하는 자리를 개방성, 솔직함, 자유에 대한 옹호, 책임감, 협동, 우애, 관용과 같은 덕목으로 대체해 보자. 동료 시민과의 우호적인 상호 작용을 통해 대응력을 갖추고 적절한 선을 공유한다면 우리는 자유롭고 성숙한 책임 있는 여성으로 살아갈 수 있다. 이념이나 타인은 내 삶을 책임져 주지 않는다. 결국 나의 삶을 온전히 책임지는 것은 내 자신의 선택과 행동이다. 不

여성계의 습관성 통계 왜곡 유감

박가분

2006년 밝은서재라는 블로그에서 글쓰기를 시작함.
2014년 제2회 「창작과 비평」 사회인문평론상 수상.
「공정하지 않다」 외 다수 단행본 출간 및 칼럼 기고.
청년단체 진보너머 운영위원.

"데이터는 거짓말을 하지 않는다. 다만 왜곡된 해석이 문제를 양산할 뿐이다."

-통계청 제2회 '통계 바로쓰기 공모전' 수상자 소감 中-

1. 들어가며

여성운동을 보면 안타까운 점 하나가 있다. '여성이 절대적 피해자'라는 서사를 유포하기 위해 습관적으로 통계를 왜곡하거나 자의적인 해석을 남용한다는 점이다. 통계 왜곡의 유형에는 여성 대상 범죄 내지는 차별에 대한 실상을 부풀리거나 이에 대한 오도된(misleading) 원인 진단을 하는 것들이 대부분이다.

물론 상식적인 시민이라면 여성에게 사회적으로 취약한 지점이 있고 여기에 대한 안전망이 필요하다는데 동감할 수 있다. 그러나 이런 시민들의 선한 의지를 악용하며 통계 왜곡을 일삼는 관행은 단기적으로는 달콤할지 몰라도, 장기적으로는 여성계 전체에 대한 불신과 사회적 갈등 비용이라는 청구서와 마주할 수밖에 없다. 이렇게 되면 결과적으로 문제 해결의 본령에서도 벗어나는 셈이다. 실제로 지난 몇 년간 여성계의 사회적 신뢰도는 급격히 하락했다. 2021년 5월의 한국일보·한국리서치 조사에 따르면 '페미니즘·페미니스트에 거부감이 든다'는 응답은 20대에서 77.3%, 30대에서 73.7%, 40대에서는 65.9%를 차지했다.

통계를 자의적으로 해석하거나 왜곡하는 경향은 일부 '래디컬' 페미니즘의 문제만이 아니다. 상대적으로 온건한 주류 사회의 페미니즘조차 그러한 경향에서 자유롭지 못하다. 저명 작가이자 여성주의자인 나오미 울프(N. Wolf)와 수전 팔루디(S. Faludi) 역시 통계 왜곡의 달콤한 유혹을 뿌리치지 못했다. 일찍이 90년대부터 발흥한 영미권의 급진 페미니즘에 비판적이었던 여성학자 엘리자베스 바댕테르는 (평소 명민했던 이들이) 어떻게 여대생 대상 성폭행 범죄 설문 조사를 왜곡했는지 다음과 같이 꼬집은 바 있다.

"성폭력의 수치를 과장했다고 생각되는 또 다른 예는, 1985년 『미즈』(Ms)라는 유력 잡지의 설문 조사이다. 이 설문 조사는 전통적인 페미니스트로 유명한 심리학 교수 메리 코스(Mary Koss)에게 의뢰되었다. 대학가를 대상으로 행해진 조사 결과에 따르면 여학생 4명 중 한 명이 강간 또는 강간 미수의 피해자였다. 그러나 이들 피해자 중 4분의 1만이 자신이 겪은 일을 강간이라고 불렀다. 게다가 코스는 3천 명의 여학생에게 다음과 같은 질문을 했다. '당신은 당신이 원하지 않는데도 불구하고 상대방 남자의 집요한 압박과 논리에 굴복하여 성적 유희에 몸을 맡긴 적이 있습니까?' 이 질문에 대해 응답자의 53.7%에 해당되는 여학생이 그렇다고 답변하였다. 결과적으로 53.7%의 여학생이 '성폭행 피해자'로 간주된 셈이다. (중략) '4명 중 한 명'이라는 말은 이제 여성 잡지들과 강간에 대항하는 여러 단체들과 정치인들의 '여성학'(Women studies) 분야에 인용되는 공식 통계 수치가 되었다. 미국 페미니즘계의 스타였던 수잔 팔루디와 나오미 울프는 이 숫자를 마치 깃발인 양 사용했다."[1]

바댕테르가 꼬집은 위 사례는 여성계의 통계 왜곡 패턴을 전형적으로 보여준다. 인용한 사례는 실존하는 여성 대상 캠퍼스 성범죄 문제를 근거로 한다는 점에서 그럴싸해 보인다. 그러나 위 설문 조사의 문제점은 명백하다. 질문 자체가 모호하게 구성됐을 뿐 아니라, 피해 응답 또한 왜곡해서 해석했다는 점도 문제이다. 응답자의 피해 진술

---

1. 엘리자베트 바댕테르(2005), 「잘못된 길」(나애리·조성애 역), 중심. pp. 44-45.

을 최대한도로 끌어내기 위해 '답정너' 식 설문 문항을 구성하고 이에 대한 자의적 해석을 가미하는 수법은 오늘날에도 '여성학'의 이름이 붙은 일각의 유사 학문은 물론 저널리즘 영역에서도 광범위하게 유통되고 있다.

더욱 심각한 문제는 과학적 방법론에 대한 정당한 질문과 이의 제기조차 '여성에 대한 공격'으로 원천 봉쇄하는 관행이다. 실제로 바댕테르가 인용한 당시의 설문과 관련하여 버클리 대학의 젊은 여성 박사 케이티 로이페(K. Roiphe)는 설문 조사의 결함에 대해 문제를 제기했고 이에 근거하여 「The Morning After: Sex, Fear, and Feminism」이라는 책을 출간했다. 거기서 그는 성폭력의 범위를 자의적으로 해석함으로써 여성에게 무기력한 '희생양', '피해자'의 이미지를 덧씌우는 (래디컬) 페미니즘의 타성이 오히려 (본래 페미니스트들이 벗어나고자 했던) 수동적이고 무기력한 여성성의 이미지에 기댄다는 점을 꼬집었다. 그러나 캠퍼스 페미니스트 활동가들에게 이러한 로이페의 문제 제기는 '가부장제에 매수된 것'쯤으로 폄하됐으며 급기야 그를 대학에서 축출하자는 운동까지 벌어졌다. 이런 자칭 여성 운동가들에게 통계 수치라는 것은 과학과 제대로 된 정치를 위한 것이라기보다는, 자신들이 사는 사회가 실제보다 더 성차별적, 여성 혐오적이라는 인식을 고취하기 위한 수단에 지나지 않았다.

2 통계청과 여성계의 악연

한국에서 자행된 통계 왜곡은 어떨까. 놀랍게도 그 전형적인 수법들은 통계청이 친절하게 박제까지 해 놓았다. 통계청이 2016년과 2017년 두 차례에 걸쳐 진행한 '통계 바로 쓰기 공모전'이 바로 그 사례이다. 그 이후에는 진행되지 않았는데, 이유는 오직 하나님만이 아실 것이다.

이때 공모전 수상작 명단을 보면 우리가 언론 매체 상

에서 반복적으로 접했던 여성계의 통계 왜곡들을 복기할 수 있다. 제1~2회 공모전의 수상작 명단은 이하 표에 정리되어 있다. 제1회 공모전에서는 2016년 당시 강남역 살인 사건을 기해 유행했던 강력 범죄 통계 왜곡에 대한 문제 제기가 2등 수상작에 실린 것이 눈길을 끈다. 한편 제2회 공모전에서는 여성계의 통계 왜곡 관련 수상작이 전체 1~3위 수상작 8개 중 3개를 차지했다.

제1회 수상작은 2016년 강남역 살인 사건을 계기로 유행했던 강력 범죄 통계 왜곡을 꼬집는다. 참고로 강남역 살인 사건은 범죄 사각지대에 대한 경종을 울린 충격적인 사건이었다. 다만 당시 사건은 (20세 남성이 피해를 입었던) 2018년의 강서구 PC방 살인사건과 유사한 '묻지마 범죄'의 패턴을 보였음에도 여성계와 미디어에 의해 손쉽게 '여혐 범죄'로 규정되었다.

또 당시의 언론들은 강남역 살인 사건과 무관한 범주의 범죄까지 끌어들여 공포심을 끌어올렸다. 당시 한국일보에서는 한국 사회에 '여성살해(femicide) 범죄가 만연해 있다'는 기사를 내기도 했다.[2] 한편 제1회 수상작은 이런 보도들이 자의적인 개념 및 용어 정의의 오류를 저지르고 있다고 꼬집었다. 예컨대 '강력 범죄 피해자의 89%가 여성'이라는 당시 보도는 대검찰청 범죄 통계의 '강력 범죄' 중 살인, 강도, 방화, 성폭력이라는 이른바 '흉악 범죄'라는 협의의 강력 범죄 분류에 근거한 것이다. 이들 중에서 성폭력은 여성 피해자의 비율이 압도적으로 높은데, 강간 외에도 넓은 범주의 성폭력을 흉악 범죄로 분류했기에 여성 피해자 규모는 더욱 크게 보일 수밖에 없다. 그런데 정작 강남역 사건에 해당되는 살인 범죄 통계를 볼 때 당시 2015년 대검찰청 통계를 기준으로 보면 남성 피해자는 511명을

---

2. 한국일보, 《[페미사이드 쇼크] 극단 치닫는 女 혐오… "무섭지만 굴하지 않겠다"》, 2016.05.19.

표1. 제1회 '통계 바로쓰기 공모전' 수상작 명단

시상	수상자	수상작 사례명
1등(통계청장표창 및 200만원)	배예림	고학력자, 어느 통계에 장단 맞추나?
2등(통계청장표창 및 100만원)	정은경	비정규직 근로자 관련 통계의 오류 및 부적절한 통계 비교분석
	김은서	강남역 묻지마 살인 보도, 강력 범죄 피해자 통계의 왜곡 해석된 활용
3등(통계청장표창 및 20만원)	김초연	영세자영업자의 폐업에 대한 잘못된 분석과 메르스와의 인과 관계 오류
	이호정	주민등록인구 통계의 잘못된 이해 및 사용
	김시연	○○○ 부풀린 특성화고등학교 취업률
	김지원	○○조사의 잘못된 층간흡연 의견조사 대상자 추출방법 및 분류
	이우제	글로벌 주거난... 전 세계 집값 비교 "우리 집은 안녕하십니까?"
격려상(5만원 상품권)	황태성외 59명	현실 반영 못하는 사교육비 통계 등

표2. 제2회 '통계 바로쓰기 공모전' 수상작 명단

시상	수상자	수상작명	주요내용
1등 (통계청장표창 및 200만원)	강새하늘	대한민국의 성별 임금 격차에 숨겨진 진실	근로자의 남녀 보수 차이를 비교할 때 성별만이 아니라 노동 시간, 근속 연수, 연령 등을 함께 고려해야 함을 제시
2등 (통계청장표창 및 100만원)	정혜원	OECD국가 내 한국의 항생제 사용량 통계의 왜곡 해석	국제비교통계는 국가별 기준 및 범위가 다를 수 있음에 유의해야 함을 제시
	오지용	과연 근로자의 임금보다 세금이 더 많이 증가했을까?	일부 계층의 특성을 전체 특성으로 일반화하여 해석하지 않도록 유의해야 함을 제시
3등 (통계청장표창 및 20만원)	오주상 노정훈	세계 성격차 보고서의 왜곡 및 확대 해석에 따른 오용	국제기구의 성 격차를 성 평등으로 해석, 평가한 데 대한 문제점 등을 제시
	최진성	한국 남녀 임금 격차 꼴찌 통계의 왜곡 해석	남녀 임금 격차 설명시 세부요인을 함께 고려해야 함을 제시
	정대희 석다윤	남북 경제 성장률 8년만에 역전되나?	남북간 경제 성장률 비교시, 적절한 지표 여부 및 기저효과 등을 고려해야 함을 제시
	홍용욱 이지원	일차원적으로만 바라본 개별소비세 통계 기사	정책효과 판단시 전반적인 시계열 추이 등을 함께 고려해야 함을 제시
	박진현 류지나	여성 취업에 대한 편향적 통계 이용 및 왜곡 해석한 사례	특정집단의 특성분석시 비교군도 함께 고려해야 하는 등 유의사항을 제시

기록해 404명인 여성 피해자보다 많았다.[3] 이뿐만 아니라, 폭력, 상해, 협박, 강도, 공갈 등을 포괄한 강력 범죄를 합산해서 볼 때 피해자 성비는 역전된다. 결국 강력 범죄(흉악)를 합산한 통계를 인용하며 '페미사이드(여성살해)' 공포를 운운한 여성계와 언론은 기초적인 '범주의 오류'를 저질렀다. 물론 자신에게 유리하거나 필요한 통계만을 체리피킹하는 편향은 안티페미니즘 진영에서도 확인된다.[4]

제2회 수상작 중 1등은 「대한민국의 성별 임금 격차에 숨겨진 진실」이다. 3등 수상작인 「한국 남녀 임금 격차 꼴찌 통계의 왜곡 해석」도 비슷한 내용을 담고 있다. (이하에서 재론하겠지만) 이들은 남녀의 평균 소득 혹은 중위 소득에서 나타나는 임금 격차를 그 자체로 '임금 차별'로 해석하는 데 무리가 있음을 지적한다. 남녀 간의 임금 격차를 비교하기 위해서는 노동 시간, 근속 연수, 연령 등의 변인을 통제해야 한다는 지극히 상식적인 내용이다. 나아가 이들은 임금 격차를 야기하는 연공서열제 등 노동 시장 구조의 문제와 산업 구조의 문제도 들여다봐야 한다고 첨언한다. 대학교 학부생도 아는 이러한 사실을 종종 정치인과 언론은 망각한다.

3등 수상작에 선정된 「세계 성격차 보고서의 왜곡 및 확대 해석에 따른 오용」은 세계경제포럼(WEF)에서 발표하는 세계 성격차 지수 산출 방식의 허점을 예리하게 지적하고 있다. 해당 지수는 1) (여성이 우세한 항목은 감안하지 않는) 점수 산출 방식의 비합리성, 2) (인프라의 수준과 삶의 질 등을 고려하지 않은 채 남녀 간의 순수 상대적 격차에만 주목하는) 점수 부여 항목과 비율 계산법의 부적절성, 3) (각 영역별 점수를 단순 평균한) 점수 합산 방식의

불합리성 등에서 여러 문제점을 노출했다. 그 결과 당시 2015년 『WEF 세계 성격차 보고서』에서는 르완다가 한국보다 성격차 지수가 낮을 뿐만 아니라 전 세계 6위로 성격차 지수가 낮은 국가로 발표되는 해프닝이 벌어졌다. 그럼에도 여성계는 물론 상당수 언론은 여전히 이를 양성평등 수준의 세계적 순위를 반영하는 지수인 양 호도하고 있다.

제2회 통계 바로쓰기 공모전에서 공개된 장려상 수상 명단 또한 상당수가 여성계의 통계 왜곡을 지적하고 있다. 30여 개의 수상작 중 표제에서부터 명확히 여성계의 통계 왜곡을 지적한 수상작은 「성인 남성 10명중 8명 데이트 폭력 가해자」 보도 속 통계의 왜곡 해석된 활용」, 「데이트 폭력' 기사 속 왜곡된 통계로 부풀려지는 불안감」, 「고위직 여성 공무원의 비율'과 그 속에 '숨겨진 진실'」, 「정확한 범죄 문제 인식' 강력 범죄의 89%는 여성이 피해자 그 속에는…」, 「성인 남성 둘 중 한 명은 성매매 경험자?」 등이 있다. 이 중 '성인 남성 둘 중 한 명은 성매매 경험자'라는 통계는 여성계가 즐겨 유포하는 대표적 가짜 뉴스 중 하나이다. 해당 통계는 한국여성정책연구원의 「성매매 실태 조사」를 근거로 한 것인데 여기에는 설문 조사 대상 모집단이 유흥주점업, 마사지업 등 성매매 알선 가능성이 큰 8개 업종 사업체로 설정됐다는 치명적인 문제점이 있다. 이에 통계청은 해당 통계에 대해 '모집단의 정확성과 신뢰도'의 문제를 들며 '통계 작성 승인 취소' 조치를 내린 바 있으며[5] 그 이후 한국여성정책연구원이 후속해서 내놓은 유사 통계도 국가 승인 통계로 인정받지 못했다. 그런데도 2019년 서울대 인권센터에서 이런 잘못된 통계를 인용하며 성교육을 진행했다가 학생들의 지적을 받는 일이 있었다.

고품질의 국가 승인 통계를 생산하며 통계에 대한 과학적 해석을 중시하는 통계청과 반대로 통계 왜곡을 서슴

---

3. 다만 여기서 살인 범죄 피해자 전부가 실제로 살해당한 것은 아니라는 점에 주의할 것.

4. 앞서 언급한 수상작은 여성계의 자의적 통계해석 뿐만 아니라, 강력 범죄 중 남성 피해자 비율이 높은 폭력범죄만을 취사선택해서 강조하는 역편향이 일부 언론에서 나타났음을 지적한다.

5. 자료 출처: 통계청 고시 제2010-263호.

지 않는 여성계 사이의 악연(?)은 여기서 그치지 않는다. 2016년 전후로 발흥한 인터넷 상의 남성혐오 페미니즘 조류인 '메갈리아'를 여성계 전체가 한목소리로 '영페미니즘의 새로운 물결'로 칭송한 바 있는데 '2018년 통계청 논문 공모전'의 수상작 중 하나는 이런 자기만족적 분위기에 찬물을 끼얹었다. 당시 우수상을 수상한 「국내 페미니즘 운동의 여론 변화 조사 및 특징적 요소 분석-빅데이터 분석 방법을 활용하여-」[6]는 트위터 크롤링 등의 빅데이터 분석 방법을 통해 국내 페미니즘에 대한 여론이 우호적이지 않다는 사실을 지적했다. 또한 페미니즘 분파 중 급진적 페미니즘이 페미니즘에 대한 주류 여론 인식을 형성하고 있다는 점을 우려하였고, 이것이 향후 여성 인권 운동에 오히려 부정적으로 작용할 가능성을 경고했다. 여성계는 당시 제기되었던 이러한 경고성 시그널들을 애써 무시했다가 현재는 메갈리아·워마드 등 극단주의 페미니즘에 대한 반발로 적극적 페미니즘 비토 세력이 된 2030 남성들의 '백래시'[7]를 뒤늦게 불평하고 있다. 하지만 처음부터 여론과 사회적 변화의 흐름에 대한 '과학적 분석'을 우선시했다면 과연 그런 불행한 일이 일어났을까 하는 안타까움이 드는 대목이다.

3. 20대 내의 남녀 임금차별?

여성계의 통계 왜곡 관행 일부는 유사 학문의 외피를 둘러싼 채 자행되고 있다. 예를 들어 사회학자 김창환 등이 발표한 「경력 단절 이전 여성은 차별받지 않는가?」(2019)라는 논문은 초보적 회귀 분석 모형을 통해 청년 남녀의 임금 격차 중 성별 외 대학, 전공, 학점, 가족 변수 등의 요인들을 통제한 뒤에도 여전히 여성이 남성의 82.6% 밖에 벌지 못하는 것으로 나타났다[8]고 주장한다. 김창환은 이에 근거하여 청년 세대 내에도 임금과 관련한 여성 차별이 존재한다고 주장했다. 이런 주장은 한겨레와 논객 진중권 등이 인용하며 널리 알려지게 되었다.

그러나 해당 논문이 제대로 된 노동경제학 저널에 투고되었다면 과연 (적어도 원문 그대로) 실릴 수 있을지 상당히 의심스럽다. 왜냐하면 진지한 노동경제학자들은 오히려 다음과 같이 말하기 때문이다. "우리가 하는 것은 우리가 얻을 수 있는 가장 좋은 데이터를 구하여 우리가 통제할 수 있는 모든 요인을 통제하는 것이다. 이것들로도 설명되지 않는 것에 대해서도 우리는 그것을 차별이라고 부르지 않는다(클라우디아 골딘)."[9]

쉽게 말해 어떤 모형으로 설명되지 않는 임금 격차를 곧바로 임의적 차별로 단언하는 것은 과학인 태도가 아니라는 것이다. 김창환과 유사한 자료와 방법을 이용한 보고서 「청년층의 성별 임금 격차에 관한 연구」(오세미·안준기, 2017)[10]도 다음과 같이 지적한다. "설명되지 않는 요소

---

6. 강욱건·이학래·민경은 저(著).

7. 이 백래시라는 단어 자체도 '반작용' 등의 가치중립적 용어로 대체될 수 있는 편향적 용어사용에 지나지 않는다.

8. 그러나 이는 '19년도 기준 OECD에서 발표한 한국의 전체적 성별 임금 격차인 32.5%보다 더 적은 수치이다. 참고로 미국 노동 시장조사 관련 전문업체인 payscale에 따르면 미국의 경우에도 2015년 기준 남성이 여성보다 평균 24% 더 많은 임금을 받는 것으로 나타났다.

9. 위와 같은 발언의 출처는 다음과 같은 Freakonomics의 팟캐스트 방송에서 찾을 수 있다. "The True Story of the Gender Pay Gap (Ep. 232)"

10. 해당 보고서에서도 통상적인 통제변수를 통제한 뒤에도 설명되지 않은 청년층 성별 임금 격차가 24.1%로 나타나는 것으로 분석됐다.

에 의한 임금 격차를 모두 차별에 의한 것으로만 해석하기에는 무리가 있으나, 여기서 주목할 점은 설명되지 않는 부분의 대부분이 관찰되지 않는 혹은 관찰할 수 없는 남녀 간 차이에 의한 것이라는 점이다." 또한 이들은 결론부에서 다음과 같이 첨언한다. "노동 시장 내에서의 행동 차이를 반영한다면 설명되지 않는 격차 중 일부분은 설명이 가능할 가능성이 크다."

종합하면, 여러 관찰 가능한 변수를 통제한 뒤에도 남은 임금 격차가 있다는 사실은 (연구자가 관찰 가능한 자료를 통해 식별한 모형에 반영되지 않은) 노동 시장 및 산업구조 특성과 남녀 노동 공급 패턴의 차이 등 '숨겨진 요인'이 있을 수 있다는 점을 함의할 따름이다. 이를 경향신문의 한 기사 제목처럼 "남녀 임금 격차, 가장 큰 이유는 '그냥'"[11]이라고 단언하는 것은 값싼 선동으로는 좋을지 모르나 학문적으로는 게으른 태도이며 실제 문제 해결에도 도움이 되지 않는다. 임금 격차를 줄이는 데 있어 관건은 앞서 말한 숨겨진 요인을 찾아내고 또 '가능한 범위' 내에서 이를 줄이는 것이다.

남녀 임금 격차에 대한 권위 있는 가설을 제시한 학자는 앞서 인용한 클라우디아 골딘이다. 여성 노동경제학자인 그녀 역시 2000년대 이후 미국의 전문직 종사자 내에서도 남녀 임금 격차가 지속되고 있다는 사실에 주목한다.[12] 그러나 김창환과 그녀의 차이점이 있다면 그녀는 그러한 격차를 곧바로 차별로 단언하기보다는 '숨겨진 변수'를 찾아내려고 노력했다는 점이다.

그녀는 (선형 회귀 분석 모형으로 잡아내지 못하는) 성별 임금 격차의 원인을 '노동자 간의 대체성(substitutability)의 차이, 그리고 '보상의 비선형성(non-linearity of compensation)'에서 찾는다. 간단히 말해 '9 to 6'와 같이 노동 시간이 예측 가능한 직종보다는 업무 시간이 불규칙하고 특히 고객과의 신뢰 관계가 중요한 업무일수록 장시간 노동에 대해 누적적인 보상을 주는 경향이 있다. 그런데 이것이 남성과 노동 공급 패턴이 다른 여성에게 불리하게 작용한다는 것이다. 그리고 이러한 노동 시장의 보상 체계 및 업무 특성은 고용주 및 기타 경제 주체들의 성차별적 선입견과는 관계가 없다. 다만 골딘은 임금 격차를 줄이기 위해서는 여성들이 원하는 시간에 일할 수 있도록 기회를 보장하고, 파트타임과 정규직과의 시간당 임금 격차를 줄이며, 업무의 책임을 개인이 아니라 팀별로 분산시키는 업무 관행을 확산시키는 노력이 필요하다고 역설한다. 이러한 골딘의 접근은 표면상의 임금 차이를 고용주나 경제 주체들의 성차별적 선입견 탓으로 손쉽게 돌려 버리는 태도와 완전히 차원이 다르다.

한편 노동 수요 측면에서 노동 시장 구조와 업무 관행을 바꾼다 하더라도 공급 측면에서 남녀 간의 노동 공급 패턴의 차이가 남을 수 있다는 점을 인정해야 한다. 가령 경제학자 C. B. Mulligan 교수는 오른쪽의 그림에서 보이듯 9 to 6 이외의 시간대에서의 남성 노동 참가율이 여성보다 훨씬 높다는 사실에 주목한다.[13] 이 사실은 가정 내 출산과 육아의 직접적 부담이 여성에게 더 많이 간다는 점과 더불어 남성이 경제적 부양의 1차적 책임을 지는 사회 문화적 관행과 밀접한 관련이 있다.

여기서 두 가지 질문이 떠오른다. 첫 번째, 사람들이 노동하길 선호하지 않는 시간대에 일하는 노동자에게 보통의 사람들이 선호하는 시간대에 일하는 것과 동일한 보상을 주는 것이 과연 공정한가? 노동 시간에 대한 보상의

11. 경향신문, 「남녀 임금 격차, 가장 큰 이유는 '그냥'」, 2015.05.25.
12. The Milken Institute Review, 「How to achieve gender equality」, 2015.
13. The New York Times, 「Gender Segregation by the Clock」, 2010.05.26.

시간대별 남녀 노동 시장참가율 차이

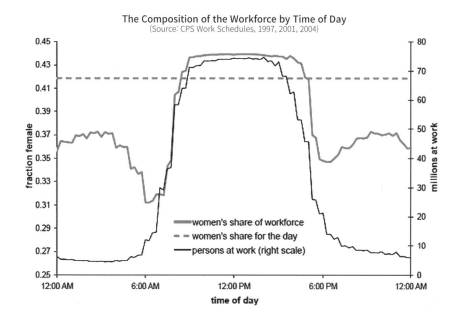

The Composition of the Workforce by Time of Day
(Source: CPS Work Schedules, 1997, 2001, 2004)

비선형성을 줄이는 것이 남녀 임금 격차에 대한 하나의 해법이 될 수 있다. 그러나 그것이 남들이 원하지 않는 시간대에 일하는 누군가의 '특별한 희생'을 손쉽게 평가 절하하는 방식으로 이뤄지는 것은 바람직하지 않다.

　두 번째, 사람들이 선호하지 않는 시간대에 남성들이 더 많이 일해야 하는 상황을 (그리고 이에 따라 산업 재해와 질병의 피해에 더 많이 노출되는 현실을) '남성 차별'의 증거로 받아들여야 할까? 눈앞에 주어진 '차이'를 '차별'의 증거로 곧바로 단정해 버리는 페미니즘 논리를 무지성으로 적용하면 '그렇다'고 말할 수 있다. 그러나 피해 의식으로 가득 찬 그런 평면적 태도는 사태 파악은 물론 문제 해결에 아무런 도움이 되지 않는다. 중요한 건 가사 노동을 비롯하여 노동 시장에서의 부담 전반을 남녀가 공평하게 나누는 것이다. 각자가 진 서로 다른 책임과 부담을 다시 재분배하기 위해서는 상호적인 소통과 이해가 필요하다. 누가 더 일방적인 피해자인지를 뽐내는(?) 것 말고.

4. '남성 = 잠재적 가해자' 프레임의 오남용

앞서 본 '강력 범죄 피해자의 89%가 여성'이라는 선동이 여러 차례 논파당하고 나자, 일부 남혐 성향 네티즌과 이들에 편승한 여성계 인사들은 노선을 바꿨다. 성범죄를 비롯한 강력 범죄 가해자의 상당수가 '남성'이라는 사실을 지목하며 다시 한번 여성들의 공포심·불안감을 자극하는 전략을 취한 것이다. 여성가족부 산하 양성평등교육진흥원의 원장이었던 나윤경 씨는 2021년 4월 경 '잠재적 가해자 취급한다고 화내지 말고 스스로 (성범죄) 가해자와 다르다고 증명하라'는 발언을 내놓으며, 이른바 '남성=잠재적 가해자' 프레임을 두둔했다. 그러나 (이하에도 보겠지만) 설사 남성들이 그러한 프레임을 수용한다손 치더라도 이는 여성을 안심시키기는커녕 정반대의 효과만 불러온다.

강력 범죄 가해자 비율상에서 남성이 많은 것은 만국 공통의 현상이다. 여기에 대해 남성 일반이 도덕적 죄악감을 공유해야 한다고 설교하는 것은 아무 의미가 없다. 여성안전 이슈와 직접적으로 관련 있는 지표는 오히려 다른 두 가지이다. 첫 번째는 여성 대상 범죄 자체의 빈도이다. 그리고 두 번째는 여성 대상 범죄의 이른바 '부정적 외부 효과'를 사회가 얼마나 '내부화'하느냐의 여부이다. 두 번째 지점을 조금 더 부연하면 이렇다. 여성 대상 범죄가 야기한 사회적 비용을 어떻게 구성원들이 부담하고 나누느냐의 문제라는 것이다. 남성혐오 래디컬 페미니즘에 경도된 사람들은 남성 전체가 남성 흉악 범죄자가 저지른 일에 대한 책임 의식을 느껴야 한다고 강변한다. 그러나 그들이 간과하는 사실은 이미 보통의 남성들도 (비단 여성뿐만 아니라) 사회적 취약 계층 전반의 안전과 치안 문제에 대한 사회적 비용을 직간접적으로 지불하고 있다는 점이며, 또 앞으로도 더욱더 그럴 용의가 있다는 사실이다.

먼저 범죄 발생 빈도의 문제를 살펴보면 한국의 실제 치안 현실과 사회적 불안감 사이에 상당한 격차가 있다는 점을 살펴볼 수 있다. 2018년 한국보건사회연구원에서 「사회 통합 실태 및 국민 인식 조사」를 「European Social Survey」 자료와 비교분석한 결과 다음과 같은 사실을 발견했다. 한국의 경우 직간접적인 신체적 위해 경험률이 1.49%로 비교 대상국 중 가장 낮았으나, 밤길을 걸을 때 불안을 느끼는 사람은 23.07%로 매우 높은 수준이었다. 반면 핀란드는 위해 경험률이 26.72%로 가장 높았음에도 불구하고 밤길 불안을 느끼는 사람의 비율은 6.77%로 실제 위해 경험률에 비해 매우 낮았다.[14] 또한 OECD의 최신 자료에 따르면 한국의 10만 명당 살인 범죄 발생률은 0.6건으로 OECD 평균인 3.7명에 비해 한참 낮은 수준이었다.[15] 실제로 많은 외국인들은 한국을 세계적으로 치안이 안정된 나라로 상찬한다.

결과적으로 우리 사회는 범죄 뉴스에 대한 선정적인 소비 등의 이유로 현실에 비해 더 과장된 범죄 위험 인식을 갖고 있다고 할 수 있다. 여기에는 물론 장점이 없지는 않다. 그런 높은 사회적 민감도는 범죄 문제에 대해 보다 더 기민한 정치 사회적 대응이 가능하도록 하기 때문이다. 그럼에도 범죄나 안전 이슈에 대한 지나친 선정적 보도와 소수 이익 집단을 위한 '공포 마케팅'은 경계해야 할 대목이다.

사회의 치안·안전 문제에 대한 남성 일반의 인식 및 태도에 대해서도 살펴보자. 우선 성비 자체로만 따진다면 치안·안전 관련 분야 종사자들의 다수가 남성이다. 그뿐만 아니라 경찰·소방관 순직자의 거의 대부분은 남성이다. 2017년 한 언론사에서 해양경찰청과 소방청에 순직자 성

14. 우선희(2018), "범죄 피해 불안과 인구사회학적 요인: 유럽국과의 비교를 중심으로", 「보건복지포럼」.

15. 자료 출처: OECD Better Life Index 웹사이트.

국가별 범죄 피해 불안을 느끼는 사람의 비율과 직간접적인 위해를 경험한 비율

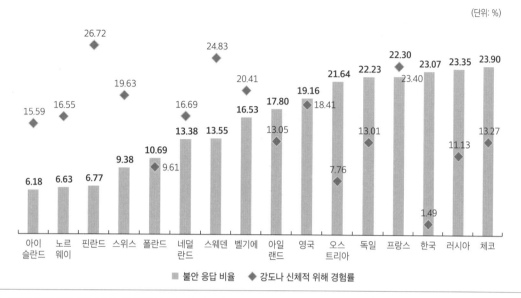

(단위: %)

■ 불안 응답 비율　◆ 강도나 신체적 위해 경험률

주: 1) 범죄 피해에 대한 불안은 "어두울 때 집 주변을 혼자 걸을 때 당신은 얼마나 안전하고 느끼십니까?"라는 질문에 대해 ①매우 안전하다, ②안전하다, ③안전하지 않다, ④매우 안전하지 않다'라는 응답으로 측정하였으며, ③과 ④로 응답한 사람들을 불안을 느끼는 사람으로 리코딩하여 분석하였음.
　2) 위해 경험률은 "귀하나 가구원 중 최근 5년 동안(2011년~현재) 강도나 신체적 위해를 당한 적이 있습니까?"란 질문에 대해 '①예', '②아니요'의 응답으로 측정하였음.
자료: 1) 한국보건사회연구원. (2016). 사회통합 실태 및 국민인식 조사. 원자료를 이용해 분석함.
　　2) ESS ERIC. (2016). European Social Survey(Round8). 원자료를 이용해 분석함.

별 현황에 대한 자료를 청구하자 "성구분을 하는 통계 자료를 별도로 생산·관리하지 않는다"는 답변이 돌아왔다.[16] 순직자의 절대다수가 남성이기 때문에 애초에 성별 구분이 무의미하다는 것이 그 이유였다. 나아가 보건복지가족부에서 2009년에 발표한 '의사상자' 528명의 성비를 봐도 남성이 95%를 차지했으며 2030 세대가 대부분이었다. 물론 타인의 생명과 안전을 지키기 위해 자신의 목숨을 내놓을 의로운 사람들이 '모든 남성'을 대표하는 것은 아니다. 그렇다면 2020년 주민등록상 전체 남성 인구의 0.1%도 안 되는 범죄자들을 근거로 남성들에게 잠재적 가해자 프레임을 씌우는 것 또한 어리석은 일이다.

2019년 '리서치뷰'에서 수행했던 설문 조사 결과도 눈여겨볼 만하다. 당시 사회 문제로 대두되던 '성폭력, 불법 촬영 등의 범죄'에 대한 처벌 강화론에 대해 2030 남성의 79.5%가 찬성한다고 응답했다.[17] 버닝썬 성폭력·불법 촬영 문제가 언론에 공론화되기 전에 가장 먼저 공분이 일었던 곳은 의외로 남초 커뮤니티였다. 당시 이들은 이미 확고한 페미니즘 비토 세력이 되었음에도 여성 안전과 치안 문제에 관해서는 일관되게 강경 대응을 주문하는

16. 월간조선, 《왜 해양경찰 순직자는 모두 '남자'일까》, 2017.5.26.

17. 오재호 외(2020), 「젠더 갈등을 넘어 성평등한 사회로」, 경기연구원 「이슈앤진단」 제441호.

모습을 보였다.

결국 치안·안전 문제에서 취약한 사회 구성원을 안심시키는 가장 좋은 방법은 시민의 생명과 안전을 위협하는 것에 대해 절대다수의 시민들이 불관용한다는 사실을 상기시키는 것이다. 그리고 더 중요한 것은 실제 치안 문제의 실상에 대한 정확한 정보를 공유하는 것이다. 나아가 인구의 절반에 대해 매카시즘이나 다를 바 없는 '가해자 프레임'을 씌우는 것은 문제 해결은커녕 냉소주의와 상호 불신으로 치닫는 지름길일 뿐이다. 정작 매카시즘도 현실의 안보 문제를 해결하는 데 매우 무능했다는 사실을 상기하자.

5. 한국에서 여성들이 데이트 폭력으로 6일에 1명 죽는다?

이른바 '페미니즘 뉴웨이브' 이후 검증되지 않은 영페미 인사들이 각종 미디어에 나타나 잘못된 정보에 기반해 가짜 뉴스를 퍼뜨리는 관행이 한동안 지속되었다. 이처럼 잘못된 주장을 하고도 팩트 체크의 책임에서 면제되는 것이야말로 오늘날 페미니즘이 누리는 담론 권력의 일부라 할 수 있다. 2021년 중앙일보 인터넷 칼럼에 실린 '엘리'라는 여성 크리에이터의 칼럼을 예로 들어보자. 거기서 그녀는 한국 여성이 "6일마다 1명 꼴로 데이트 살해 당한다"는 주장을 펼치며, 여성계에 대해 비판적 언급을 했던 윤석열 대선 후보를 나무라는 논조의 칼럼을 실었다. 결과적으로 윤석열 후보는 여기에 대해 사과 댓글을 달았다. 그러나 정작 해당 칼럼은 여성계가 고질적으로 행하는 통계 왜곡과 체리피킹으로 점철되어 있다.

우선 엘리는 2019년 대검찰청 범죄 통계를 인용하며 "대검찰청에 따르면 지난 2019년 발생한 살인 범죄(미수 포함) 847건 중 피해자와 범죄자가 연인 관계였던 경우는 총 64건이었습니다. 365일을 64로 나누면 약 5.7로 1년 중 6일에 한 번꼴은 데이트 살인이 발생하고 있다는 현실에 대해서는요?"라고 썼다.[18] 그러나 그가 언급한 통계는 살인 미수, 예비, 음모, 방조를 포함한 847건의 범죄 통계에 기초한 것이며 (여성)사망 피해자 수를 말하는 것이 아니므로 6일에 한 명씩 여성이 데이트 살해를 당했다는 주장은 애초에 성립하지 않는다.

또한 피해자와 가해자가 연인 관계였다는 문제의 '64명'에 대한 통계는 전체 살인 관련 범죄 847건이 아닌 다른 통계 항목이 더해진 총 1,050건의 범죄 사건들 중의 64건을 의미한다.[19] 게다가 이는 피해자의 성별을 구분하지 않은 통계이다. 따라서 이 64건은 더더욱 여성 살해 숫자를 의미할 수 없다.

참고로 결혼을 전제로 사귀던 남자친구가 다른 여자와 친근하게 대화한 데 격분해 흉기를 휘둘러 살해하려 한 20대 여성이 2021년 12월에 실형을 선고받은 바 있다.[20] 이 피해자 남성은 향후 대검찰청 범죄 통계에 엘리가 언급한 범주에 들어갈 가능성이 높다.

엘리의 문제의식은 여성들이 더 안전한 사회에서 살아야 한다는 것이다. 그러나 선한 문제의식으로 왜곡된 통계 인용을 정당화할 수는 없다. 그것은 우선 글을 읽는 독자들을 기만하는 행위이다. 특히 관련 통계를 일일이 확인하기 어려운 일반 독자들이 저자에게 품는 사회적 신뢰를 악용하는 비윤리적 행동이기도 하다. 물론 엘리의 통계 왜곡에는 그녀의 칼럼을 검증 없이 실은 언론의 책임도 있다. 나중에 재론하겠지만, 앞으로 언론은 여성계의 통계 인용과 관련해, 더 철저한 팩트 체크에 나설 필요가 있다.

---

18. 참고로 그녀의 계산법을 적용하면 2019년 한국에서 하루에 5명 꼴로 남성들이 산업 재해로 죽어가고 있었다(자료 : 고용노동부, 「산업 재해현황」).

19. 이선옥닷컴, 《중앙일보와 영페미니스트의 비윤리적인 윤석열 저격》, 2021.09.06.

20. SBS, 《"왜 다른 여자랑 말해?" 남친 흉기로 찌른 20대 여성》, 2021.12.05.

그녀의 자극적 칼럼 제목대로 6일마다 여성이 "데이트 살해를 당한다"는 선정적인 문장에 근거해 일부 여성들은 사실에 기초하지 않은 공포를 안고 살아갈 것이다. 강남역 살인 사건과 메갈리아·워마드 논란 이래로 이런 선정적인 방식의 의제화가 불모의 성별 대립을 양산했으며 특히 실질적 문제 해결에도 별 도움이 되지 않았다는 사실을 지금이라도 깨달아야 한다. 통계 왜곡을 통한 공포 마케팅이라는 비윤리적 방식에 의존하지 않더라도 합리적 근거와 사실에 기반해 (여성 범죄 문제의 심각성에 공감하고 해결책을 모색하려는) 동료 시민들의 선의지에 호소하는 대안적인 방법도 있다.

6. 여성의 고통은 특권화,
　　남성의 취약함은 주변화

페미니즘 선정주의의 극치를 보여준 또 다른 사례가 있다. 얼마 전 한겨레는 '조용한 학살, 20대 여성들은 왜 점점 더 많이 목숨을 끊나'라는 상당히 자극적인 제목의 기사를 보도한 바 있다.[21] 기사의 내용인즉슨 최근 젊은 여성들의 자살률이 과거에 비해 높아지는 경향을 보였다는 것이다. 이는 온라인에서도 화제가 되었다. 해당 기사의 기반이 되는 보고서는 사회건강연구소에서 발간한 장숙랑 교수의 「청년 여성의 자살 문제」(2019)이다.

그런데 기사의 내용을 자세히 보면 논문의 내용을 정확하게 반영하지 않았다는 것을 알 수 있다. 심지어 연구자 본인도 신문 인터뷰에서 자신의 연구 결과를 부정확하게 전달한다는 문제점을 지적했다. 당시 기사의 도표와 인터뷰만 보면 20대 여성 자살로 인한 사망률이 마치 5-7배

급증한 것처럼 묘사되어 있다. 하지만 정작 보고서의 내용은 20대 여성 자살률에 90년대생의 '코호트 효과'가 기여하는 비중이 1951년생에 비해 5-7배 상승했다는 것이다. 코호트 효과는 연령효과와 더불어 세대효과를 구성하는 사회학적 개념범주이다.[22] 그런데 이 코호트 효과에 대한 추정마저 신뢰 구간이 상당히 넓어 통계적 유의성이 의심된다.

단순 기술 통계량을 기준으로 본다면 2019년, 2020년 기준 20대 여성 자살 사망률이 전년 대비 25.8%, 16.3% 증가한 것은 심각하게 받아들여야 할 내용이다.[23] 그러나 자살 사망 사건 그 자체의 빈도로 보면 같은 연령대 남성의 문제가 더 심각하다. '19년과 '20년 기준으로 볼 때 20대 남성의 10만 명당 자살 사망률은 각각 21.6명과 23.8명을 기록했으며 이는 같은 시기 16.6명, 19.3명을 기록한 동년배 여성보다 높았다. 더군다나 자살 사망률이 가장 높은 성별·연령별 계층은 노인 남성들이다.

여기에 대해 혹자는 젊은 여성의 자살 사망률 '급증세'에 주목해야 한다고 항변할 수 있다. 완전히 틀린 말은 아니지만, 현실 정책에서 자살 사망 사건 문제 관련 심각성의 기본 지표로 삼아야 하는 것은 상식적으로 볼 때 자살 사망 사건의 '빈도'이다. 단순히 코호트 효과가 자살률에 기여하는 정도가 다른 성별·세대보다 더 높다는 것을 근거로 청년 여성들의 자살 문제를 '사회적 학살'로 간주해야 할 만큼 타 계층에 비해 더 긴급한 문제로 다뤄야 한다는 주장은 설득력이 약하다. 자살 사망 사건은 누구에게 일어나든 그 자체로 심각한 문제이며, 특히 그 문제가 빈번하게 일어나는 계층에 더 두터운 정책적 지원과 사회적 배려가 필요하다는 것은 인지상정이다.

21. 한겨레, 《'조용한 학살', 20대 여성들은 왜 점점 더 많이 목숨을 끊나》, 2020.11.13.

22. 코호트 효과에 대해서는 영문위키(https://en.wikipedia.org/wiki/Cohort_effect) 설명 참조.

23. 통계청, 「사망원인통계」 기준.

20대 남녀 자살 사망률(10만명 당)

자료 : 통계청, 「사망원인통계」

남성 20-29세 ── 여성 20-29세

문제는 청년 여성의 자살 문제를 고의적인 '학살'과 동일선상에 놓는 상당수 사람들이 이러한 상식을 거부한다는 점이다. 이들은 (젊고 고학력층인) 여성의 고통을 존재론적으로 더 특별하게 취급해야 한다는 사회 문화적 전제를 당연하다는 듯이 깔고 있다. 이런 관점은 엉뚱한 정책으로 이어질 수 있다. 지난 2021년 4월 서울시 자살예방센터에서 20대 여성 자살 문제가 불거지자 여성 전용 자살방지 게시판을 운영하는 전시성 행정을 펼치다가 많은 네티즌의 항의에 직면했다. 그도 그럴 만한 것이, 자살 문제를 가장 심각하게 겪는 계층은 앞서 보았듯이 남성 노인들

남자 혼자 죽다 세상에 없는 죽음, 무연사 209인의 기록 - 성유진, 이수진, 오소영 / 생각의힘 / 2017년

이기 때문이다. 통계청에 따르면 2020년 60, 70, 80대 남성 노인들은 각각 10만명 당 44.8명, 64.5명, 118명의 비율로 자살로 인해 생을 마감했다. 이들의 자살 사망률은 다른 성별·연령 집단의 추종을 불허한다. 만일 '조용한 학살'이라는 표현이 자살 문제를 공동체적 관심의 결여에 의한 '사회적 타살'이라고 보는 관점에서 창조한 레토릭이라면, OECD 1위의 빈곤율과 자살 사망률을 기록하는 노인 계층이야말로 '조용한 학살'을 당하고 있다고 해야 옳다.

7. 여성계, 언론, 정치권을 위한 제언

이처럼 여성계가 통계를 습관적으로 왜곡하는 데는 여성의 곤경을 현실 이상으로 과장하고 공포심을 확산시키려는 동기가 놓여 있다. 순진한 사람들은 그것이 여성 문제에 대한 사회적 민감도를 높여서 문제 해결을 용이하게 하기 위한 전략이 아니냐고 변호할 수 있다. 그러나 이미 언급했듯이 이는 여성계의 사회적 신뢰 저하를 부르는 '제 살 깎아먹기 전략'에 지나지 않는다. 여성 문제가 실재한다는 것을 부정할 수 없다. 그러나 앞서 지적한 접근 방식은 문제 해결에 도움이 되지 않는다. 문제를 극단적으로 과장할수록 오히려 그 문제에 대한 집합적 해결책에 도달할 것이라는 믿음에서 더 멀어질 뿐이다.

최근 영(young)페미니스트 중에 래디컬 페미니즘의 설익은 냉소주의에 탐닉하는 이들이 많아졌는데, 이 역시 통계와 사실 왜곡의 잘못된 관행 속에서 자라난 현상이다. 그들이 극단주의로 치닫는 이유는 커뮤니티와 SNS에 범람하는 온갖 가짜 뉴스에 둘러싸인 채 자신이 겪는 문제가 사회적으로 해결할 수 있는 수준을 한참 넘어섰다고 판단해 버렸기 때문이다.

통계 왜곡을 수단 삼아 여성의 곤경을 '본질화'하는 관행의 또 한 가지 문제는 그것이 다른 계층의 고통을 주변화하고 사회적 연대 의식을 훼손할 뿐만 아니라 사회적 취약 계층에 대한 정의롭고 공정한 접근을 방해한다는 점이다. 앞서 본 '젊은 여성에 대한 조용한 학살'을 운운하는 저 요란한 선동 속에서 정작 '고독사' 문제를 겪는 계층은 중장년 남성이라는 사실이 은폐된다. 지난해 서울시복지재단에서 분류한 고독사 위험 계층 중 65.7%가 남성이었으며 연령대별로는 중장년층이 34.6%를 차지했다. 더 나아가 학습부진아 가운데 남학생이 많으며 중고교에서 남학생의 학업 중도 탈락 비율이 더 높다는 것을 볼 수 있다. 젠더 갈등과 관련해서 사회적 이성을 되찾는 첫걸음은 이처럼 남성들에게도 여성 이상으로 취약한 부분들이 있다는 사실을 인정하는 것이다.

그런 의미에서 여성계, 언론, 정치권에게 하고 싶은 제안은 이런 것이다. 우선 통계를 공포 마케팅의 수단이 아니라 문제 해결과 대안 논의를 위한 수단으로 바라보고 정확하게 사용할 것을 권하고 싶다. 두 번째로는 언론과 정치권이 여성계의 주장을 무비판적으로 재생산하지 말 것을 권하고 싶다. 그런 무비판적 수용은 정치권이나 공공기관의 (여성 전용 자살 방지 게시판의 사례처럼) 어이없는 정책 실패로 이어졌고 이미 여러 행·재정상의 낭비와 갈등 비용을 낳았다. 그간 누적된 가짜 뉴스 생산이나 왜곡된 통계 해석 사례들 때문에라도 여성계는 앞으로 더 강도 높은 팩트 체크에 노출될 필요가 있다. 그것이 여성계 자신에게도 더 나아가 사회 전체에게도 바람직하다. 丕

미러링, 비겁하게 실패한 기획

Siempre

필자 Siempre는 대학에서 인문학을 전공하고
바깥에선 진보정당 당원으로
8년간 조용히 활동에 참여하였다.
체 게바라를 기리는 쿠바 가요
'Hasta siempre comandante'를 좋아한다.

1. 미러링은 무엇이었는가

젠더 담론이 비생산적인 갈등으로 치닫고 있다. 이에 대해서는 이견의 여지가 없다. 이러한 작금의 갈등을 이해하기 위해서는 여러 가지 접근 방법이 있을 수 있다. 통시적인 역사의 맥락에서 풀어나갈 수도 있고, 국제적으로 공인된 의무와 권리의 차원으로 사안을 담백하게 축소해서 갈등을 신속하게 끝내려 할 수도 있다. 그렇지만 필자는 무엇보다도 이러한 갈등을 촉발한 최초 근접인(proximate causation)에 대한 성찰이 필수적이라 생각한다. 소위 '미러링' 전략 말이다.

메갈리아 논란이 번져 나가던 사태 초기, 여성계 일각에서는 메갈리아의 폭력적이고 반사회적인 발언들을 '미러링'이라는 이름으로 명명하며 이들의 행위가 단순한 악플 달기가 아니라 미러링 전략을 수행하는 운동이라고 설명했다. 그리고 이러한 미러링 전략을 바탕으로 한국 사회에 만연한 여성 혐오(Misogyny)가 효과적으로 극복될 수 있으리라고 전망했다.

그렇지만 정말로 이들이 의도한 효과가 제대로 실현됐는지에 관한 성찰적 연구는 많지 않다. 특히나 여성계 내부에서 그 효과를 실증적으로 검증하고자 하는 시도가 부족했던 것으로 보인다. 이 글에서는 여성계 외부의 시각에서 진행된 「소통 전략으로서 미러링의 효과: 관점 수용과 외집단에 대한 부정적 감정을 중심으로(안재경·민영, 2020)」라는 연구를 중심으로 미러링의 의도가 무엇이었으며 그 효과는 어떠했는지에 대해 비판적으로 고찰하고자 한다. 해당 연구가 20대 남녀를 대상으로 온라인 설문을 통해 수행됐다는 점에서 일부 한계점이 있겠으나, 여전히 의미 있는 연구 결과를 보여준다고 생각한다.

미러링이란 무엇인가. 윤지영(2015)은 미러링을 '혐오의 낙인을 반사하여 번역하는 방식'이라고 설명한다. 즉, 타인이 '나'의 시선에서 특정 주제를 바라보도록 '나'와 '남'의 역할을 바꾸어 말하되, 타인을 비난하는 어휘를 덧붙이는 말하기 방식이다. 그렇다면 그러한 말하기 방식의 목적은 무엇인가. 김선희(2018)는 근본적으로 미러링이 거울을 반사하는 상대, 즉 남성 집단이 자신을 성찰하며 여성 차별적 현실에 공감하게 하는 것을 목적으로 한다. 미러링 전략이 의도하는 효과는 여성의 공격적인 말하기에 익숙하지 않은 남성이 이러한 자극을 통해 그간 써 오던 여성 혐오 표현을 성찰하는 태도를 갖게 하는 것이다.

덧붙여 일각에서는 미러링이 그것이 겨냥하는 청자뿐만 아니라 미러링을 수행하는 여성 집단의 정치화를 가져온다고 주장한다. 김보명(2018)은 남성이 여성을 대상으로 표출하던 혐오 언어를 남성에게 되돌려줌으로써 여성들은 발화자의 권력이 전복될 수 있음을 자각하며 온라인에서 연대하게 되었다고 주장한다. 더불어 미러링은 젠더 문제에 관한 관심을 환기하고 성차별의 심각성을 알리는 촉매제가 됐다는 주장도 있다.

정리하면 여성계가 의도한 미러링의 효과는 (1) 남성 청자에게 남성 집단의 과거 행위나 발언을 성찰하는 기회를 마련해 여성계의 관점에 대한 공감을 유도하는 것 (2) 여성에게 정치적·주체적 효능감을 부여하는 것 (3) 신선하고 과격한 표현으로 젠더 문제에 대한 관심을 환기하는 것 세 가지로 정리할 수 있겠다.

안재경·민영(2020)은 미러링을 그 내용과 형식으로 구분하여 연구를 진행하였다. 이에 따르면 미러링의 내용은 '거울 기법(mirroring technique)'이며, 미러링의 형식은 정치심리학에서의 '무례한 표현(incivility)'이다.

안재경, 민영 - 한국언론학회
한국언론학보 64(5) 46 - 80

거울 기법이란 심리치료극에서 개인의 트라우마, 혹은 대인·집단 간 갈등 상황을 해결하기 위해 쓰이는 방법이다. 심리치료극 이론에 따르면, 거울 기법은 주인공이 자신을 '타인이 보는 방식대로' 바라보게 해 자신을 객관적으로 평가하고, 새롭게 재해석하도록 돕는다(Carlson-Savelli, 1989; Yaniv, 2012). 사이코드라마의 창시자인 모레노(Moreno)는 거울 기법을 통해 주인공이 거울의 상을 대면하거나(self-recognition) 혹은 거울의 상을 부정하며(rejection of the mirror's portrayal) 느끼는 부끄러움을 계기로 삶에 더욱 주체적으로 참여하리라 기대했다.

한편 미러링의 또 다른 구성 요소인 무례한 표현은 상대의 체면을 훼손하거나 반대되는 의견을 모욕하는 등, 의사소통 예절을 위반하는 행위를 말한다(Mutz, 2015). 미러링은 상대의 행동을 그대로 따라 한다는 점에서 거울 기법이라는 내용적 속성을 갖지만, 여기에 더해 외집단에 대한 비하 및 욕설을 결합해 거울 기법 메시지를 무례하게 표현한다는 특징을 가진다. 정리하자면 미러링은 '무례한 거울 기법 의사소통 전략'이라 할 수 있다.

2. 미러링은 정말 효과적인 전략이었는가?

이제 구체적으로 미러링의 실질적인 효과가 어떠했는지, 여성계가 제시한 세 가지 당위적 가치를 중심으로 살펴보자. 먼저 첫 번째, 남성 집단이 과거 자신의 여성 혐오적 발언이 잘못된 것임을 인지하고 그것을 반성하여 여성계의 관점을 수용하게 되었는지 생각해 보자. 사실 거울 기법이 얼마나 효과가 있느냐와 관련해서는 연구자들 사이에서도 논란이 많다. 예컨대 역할 교대 및 거울 기법에 관한 연구 대부분은 성공한 사이코드라마 사례만 기술했을 뿐 통제 집단과 비교하여 효과를 측정하지 않았다는 비판이 있다(Carlson-Savelli, 1989). 또한 현실에서 벌어지는 갈등을 거울 기법으로 해결한 경우가 많지 않다는 연구 결과도 있다(Kellerman, 1994). 오히려 거울 기법 말하기를 통해 외집단의 관점을 수용하려는 의향이 줄어들 가능성도 배제하기 어렵다.

또한 거울 기법 말하기는 특정 행위나 발언이 아닌 집단 전체를 비꼬아 비판하기 때문에, 청자는 이를 내집단을 향한 비판으로 받아들여 외집단을 의도적으로 비하하는 행동에 더 적극적으로 가담할 수 있다(Branscombe & Wann, 1994). 현재 일부 여성계 인사들은 메갈리아 사태 이후 페미니즘의 목소리가 결단코 남성 전체를 비하하는 게 아님을 호소하기 위해 애쓰고 있다. 예컨대 여성가족부 정영애 장관은 한 언론사와의 인터뷰에서 "페미니즘의 적은 남성이 아니라 다양성과 공존을 가로막는 가치, 제도"라고 주장했다.[1] 그렇지만 메갈리아와 미러링이 불러온, 예기치 못한 부정적 효과를 되돌아보고 성찰하지 않는다면, 이러한 호소는 그다지 설득력이 없다.

덧붙여 미러링을 구성하는 또 다른 요소인 '무례한 말하기' 또한 부정적인 영향만을 미쳤을 가능성이 높다. 무례한 말은 말하는 이와 듣는 이 모두에게 부정적 감정을 부추긴다. 무례한 의사소통은 이를 구사하는 외집단을 향해 더욱 본능적인 감정을 불러일으키기 때문이다(Mutz, 2015). 또한 내집단이 위협받는다고 생각하면 개인은 더욱 격양된 반응을 보이기 쉽다(Mackie et al., 2000).

더욱이 무례하게 말하는 화자 역시도 자신이 비판하고 조롱하는 상대 집단에 대해 더욱 부정적인 감정을 느낄 수 있다. 앤더슨과 피어슨(Andersson & pearson, 1999)은 '무례함의 나선 효과'라는 이름으로 부정적인 되먹임 효과를

1. 한국일보, 《젠더전쟁 시대, 페미니스트는 어떤 사람? 여가부 장관이 답했다》, 2021.08.03.

설명했는데, 이에 따르면 적대적 언어는 정서 전염(emotional contagion)을 통해 더욱 심한 갈등으로 귀결되며, 일회적으로라도 폭언을 사용하게 되면 공론장은 이내 험악한 말이 범람하는 공간으로 추락하기 십상이다.

안재경·민영(2020)의 연구 결과를 따르면, 앞서 본 선행 연구의 지적들은 현재 한국의 젠더 갈등 국면과 부합하는 대목이 많다. 미러링은 그것의 대안적인 방법인 합리적 반론이나 무례하지 않은 화법에 비해 남성의 태도에 긍정적인 변화를 이끌어내지 못했다. 그중에서도 무례한 말하기 방식은 더 명백하게 부정적인 반응을 이끌어냈으며, 페미니즘에 대한 감정을 악화시켰다. 여성계의 관점에 대한 공감과 수용이라는 초기 목표와는 동떨어진 결과였다.

실제 온라인상의 젠더 갈등을 되돌아보면, 초기 메갈리아 사태 이후 여성계의 의도 내지는 기대와 다르게 남초 커뮤니티에서 자기 검열 내지는 여성계의 관점을 수용하는 과정은 존재하지 않았다. 오히려 해당 커뮤니티 유저들은 격앙된 반응을 보이며 (예컨대 여성 참정권 운동 당시 여성계에도 존재했던 인종 차별적 행위 등) 페미니즘 및 여성계의 과오를 들추었고, 이내 과거보다 더욱 수위 높고 폭력적인 발언을 쏟아내기 시작했다.

맘충이나 X치녀 같은 과거의 혐오 표현은 더욱 도발 수위가 높고 저열한 X 싸개, 쿵쾅이 같은 표현으로 이어졌다. 온라인상에서 여성 혐오 표현을 포함하여 전반적인 혐오 표현이 증가하였다는 증거는 대단히 많다. 예컨대 가장 가까운 시기 이루어진 조사결과를 보자. 국가인권위원회는 2021년 9월 2일 '온라인 혐오 표현 인식 조사'를 실시했다. 이 조사에서 응답자들은 온라인상에서의 여성 혐오 표현이 2년 전에 비해 크게 증가(67.4→80.4%)하였다고 답했다. 덧붙여 남성에 대한 혐오 표현 역시 큰 폭으로 증가(57.7→72%)하였다고 답했다. 이를 통해 젠더 갈등이 악화됐으며 온라인상의 혐오 표현은 미러링 전략을 제시한 여성계의 당초 기대와 달리 전혀 개선되지 않았음을 확인할 수 있다.[2]

요컨대 미러링 전략은 당초의 의도와는 정반대로 온라인상의 여성 혐오 표현을 줄이지 못하고, 거꾸로 폭증시켰으며, 미러링 자체의 효과로 남성에 대한 혐오 표현마저 폭증시켰다. 전략적 효과의 측면에서 커다란 실패이다. 미러링 전략이 한창 지지받던 시절, 남성에 대한 혐오 표현은 그 이전에 비해 수천 배 증가했으며, 대표적인 여초 커뮤니티로 손꼽히는 메갈리아, 워마드, 네이트판은 일베를 뒤이어 성차별 표현을 가장 많이 사용하는 커뮤니티 2, 3, 4위를 차

2 서울경제, 《10명 중 8명, 온라인 혐오 표현 심각…여성 혐오 가장 많아》, 2021.9.21.
3 경향신문, 《성차별 표현 가장 많은 커뮤니티는 '일베'…'워마드' '메갈리아'도 상위권》, 2016.12.30.

지했다. 진지한 악의 없이 인권 운동 전략의 일환으로 일시적으로만 사용되기에는 지나치게 과열될 수밖에 없었던 것은 아닌지 지속적으로 자문해야 할 지점이다.[3]

미러링이 발화자의 바람이나 의도와 달리 상대방의 부정적이고 격양된 반응만 촉발한다는 사실은, 역설적으로 페미니즘 진영의 행위들이 거꾸로 '미러링의 대상'이 되었을 때 페미니스트 자신들이 보인 격양된 반응에서 재확인할 수 있다. 예컨대 2021년 4월 재보궐 선거 이후 일부 남초 커뮤니티 유저들은 '역(逆)미러링'의 일환으로 GS25 홍보물에서 메갈리아를 연상시키는 손가락 이미지에 반발해 불매 운동을 벌이거나 일부 유명인이 여초 커뮤니티의 은어를 사용한 것을 비난하는 활동 등을 벌였다. 당사자들은 이것을 기업이나 유명 인사의 사소한 실수나 악의 없는 언행에 격분하여 조리돌림을 가하고 보이콧 운동을 벌이던 페미니즘 및 정치적 올바름 진영의 '캔슬 컬처(cancel culture)'에 대한 미러링으로 여겼다. 그러나 이런 미러링 행위가 누적되자, 여성계를 중심으로 부정적이고 날선 반응만 되돌아왔고 남초 커뮤니티의 애당초 의도와는 다른 결과만 나타났다.

이처럼 여성계가 미러링에 부여한 전략적 목표 중 가장 중요한 한 가지, 남성 집단이 스스로를 되돌아보고 여성계의 관점을 수용할 것이라는 기대는 좌절되었음을 확인할 수 있다. 미러링은 청년 남성 집단과 청년 여성 집단이 상호 간의 공감을 거부하고 서로에게 더욱 무례한 폭언을 안겨줌으로써 지속적으로 서로의 감정을 격발시키는 갈등 사태로 이어지고 말았다.

그렇다면 기성 여성계가 미러링 전략에 부여한 두 번째 의도를 살펴보자. 여성계는 미러링이 젊은 여성 집단에게 정치적 효능감을 제공하고, 정치적 집단으로서 스스로를 정체화하는 작용을 불러올 것이라 기대했다. 하지만 앞선 연구 결과에 따르면, 미러링은 대안이 될 수 있는 합리적 반론이나 무례하지 않은 화법에 비해 여성 집단에게 더 큰 집합적 효능감을 부여하지 못했다. 예컨대 상대방의 발언을 모방하는 댓글, 더 나아가 그러한 내용이 무례한 욕설과 함께 제시된 댓글에 노출된 여성은 일반적인 반박 댓글에 노출된 여성에 비해 집합적 효능감이 낮았다.

전반적으로 보았을 때 젊은 여성 집단의 정치적 정체화는 비교적 분명하게 나타나고 있는 것으로 보인다. 예컨대 2018년 녹색당의 신지예 후보가 '페미니스트 시장'을 슬로건으로 내걸고 서울시장 후보로 출마해 득표율에서 진보 정당인 정의당을 앞서는 등 눈에 띄는 변화가 있었다. 또 정의당 내에서도 장혜영 의원 등 젊은 여성 정치인들이 당선되어 활동하고 있다.

그러나 이것은 미러링의 공격적이고 무례한 표현이 자체적으로 끌어낸 효과라기보다는 기존에 누적된 여성운동의 영향, 비슷한 시기 이루어진 미투 운동의 영향, 그리고 남성 집단의 반발에 대한 대항 등 다양한 원인으로 설명할 수 있다. 또 메갈리아 미러링 운동의 세 번째 전략으로 제시된 '여성 차별과 젠더 문제에 대한 사회적 관심 환기'의 부대 효과로도 이해할 수 있다. 사실 상대방의 언행을 거울처럼 비추어 말하는 것과 별개로, 공격적인 표현은 대중의 시선을 끄는 데 효과적이다(Bradley, 2000). 역사적으로 여성은 남성에 비해 소극적인 말하기를 (해야) 하는 집단으로 간주되어 온 만큼(Gilbert, 2002), 미러링 화법이 젠더 문제에 대한 관심에 큰 영향을 미친 것으로 해석할 수 있다.

다만 안재경·민영(2020)의 연구 결과에서는 이러한 기대와 미묘하게 다른 부분이 발견된다. 확실히 거울 기법 메시지에 노출된 응답자는 합리적 반론 메시지에 노출된 응답자에 비해 젠더 문제에 대해 더 높은 관심 수준을 보였다. 그러나 거울 기법 메시지를 무례하게 표현하기보다는 무례하지 않게 표현하는 쪽이 더 긍정적 효과를 나타냈다. 여성의 경우 무례한 표현 여부가 의미 있는 영향을 미치지는 않았지만, 남성의 경우 무례하지 않은 방식으로 거울 기법을 활용하는 편이 더 긍정적인 결과를 산출했다. 그리하여 연구진은 '무례하지 않은 거울 기법' 전략을 채택하는 것이 더 효과적이라고 권한다.

3. 잘못 설계된 운동

사실 현존하는 여성 문제, 예컨대 경력 단절 문제, 온·오프라인의 성범죄 문제에 대한 사회적 합의는 명확하게 존재하며, 세대가 내려갈수록 여성의 인권과 독립성, 자율성을 존중하는 경향이 뚜렷하다. 여성 문제에 대한 당사자 입장의 논의가 불충분하고 의미 있는 해결책이 충분하지 못하다는 아쉬움이 있을 수 있지만, 최소한 문제에 대한 해결책을 모색하기 위한 출발선은 확보되었다고 본다.

그러나 미러링 운동은 이러한 문제들을 현실적인 차원에서 풀어놓고 공감과 합의를 바탕으로 해결하기보다는 한계가 명확한 앙갚음 방식을 통해 공감의 계기 자체를 없애 버리는 데 골몰했다. 반대로 남성 집단 일각에서는 저들에게 저런 공격적 방식의 발언 기회를 제공한 기존의 여성 인권 관련 사회적 합의를 의문시하는 모습을 보였고, 그러한 합의 이전의 전통적 가치 체계로 회귀하는 기획에 흥미를 보이기까지 했다.

여성 차별을 환기하기 위한 충격 요법으로서의 미러링 전략의 효과는 단기적으로는 있을 수 있다고 생각한다. 그러나 그러한 전략은 일시적이고 짧은 기간에 국한되었어야 했다. 또한 실존 인물에 대한 무분별한 공격이나 장애인, 빈민, 난민 등 약자를 향한 공격은 자정하고, 그러한 자정 능력을 바탕으로 미러링의 타겟을 명확한 기득권층만으로 한정하는 것이 바람직했으리라 생각한다. 그러나 여성계는 미러링을 빙자한 폭언이 명백히 부정적 효과를 일으키기 시작한 시점에서조차 그것을 제어하거나 비판할 수 없었고, 그럴 의지도 부족했다.

애초에 미러링이라는 기획이 준비된 연대를 바탕으로 이루어진 것이 아니라 돌발적인 분출에 대한 사후 정당화의 형태로 이루어졌기 때문이다. 무례하고 폭력적인 발언과 행위가 분출되어 사회적 주목이 집중되자 기성 여성계는 그것을 자신들의 메시지를 설파하기 위한 절호의 기회로 판단하고 정당한 운동으로서의 의미를 부여했다. 그리하여 무분별한 공격의 해악성을 최대한 축소하고 노인, 어린이, 장애인 등 취약한 이들을 욕보이고 실존하는 인물에게 조리돌림을 가하는 행태마저 '유희가 동반된 미러링 전략' 따위로 포장했다.

배경이 어떠하든 메갈리아의 돌출적이고 무례한 말하기 방식은 여성계의 요구 사항에 대한 상당한 수준의 관심을 확보했다. 그런데 유감스럽지만, 공격적이고 돌출적인 방식으로 특정 화제에 대한 관심을 환기한 점에선 일베저장소도 마찬가지이다. 심지어 도널드 트럼프의 집권 전략도 정확히 같은 방식이었다.

메갈리아의 표현이 폭력적이라는 사실을 지적하면, 으레 달라붙는 변호가 있다. 그간 여성들이 자신의 목소리를 온건한 방식으로 전달해 왔으나 사회와 또래 남성 집단이 진지하게 귀 기울여 주지 않고, 수용해 주지 않았다는 것이다. 그렇기에 과격한 방식을 활용할 수밖에 없었다고 이들은 주장한다. 진실은 그렇지 않다. 여성가족부 창설 및 호주제 폐지를 기점으로 여성 인권 관련 요구

그간 여성들이 자신의 목소리를 온건하고 방식으로 전달해 왔으나 사회와 또래 남성 집단이 진지하게 귀 기울여 주지 않고, 수용해 주지 않았다는 것이다. 그렇기에 과격한 방식을 활용할 수밖에 없었다고 이들은 주장한다. 진실은 그렇지 않다.

는 폭넓게 받아들여지기 시작했다. 그럼에도 남녀 갈등은 언제나 격앙된 상태로 존재했다. 이 와중에 미러링 전략은 서로의 고통에 대한 공감과 이해의 돌파구를 만들기는커녕 이를 가로막는 장애물로 작용했다.

여성계 일부 지식인들은 메갈리아의 미러링이 '약자'인 여성의 입장에서 전개된 것이기에 당위적으로 우월한 가치를 지닌다고 주장하며, 남초 커뮤니티 일각에서 전개된 역(逆)미러링과 거리를 둔다. 주관적인 의의와 가치의 측면에서 그렇게 주장할 수도 있겠지만, 결과의 측면에서 둘은 같은 작용을 거쳐 같은 효과를 낳았다. 그래서 결과적으로 다르지 않다. 미러링의 당위적 우월성을 설파하는 담론은 외부를 향해 닫혀 있는 자기 본위적인 담론으로서, 실존하는 현실의 불합리와 갈등을 해소하거나 개선하지 못한다.

덧붙여 미러링이 실제로 전개되는 과정에서 남성중의 약자, 인터넷에서 몰려다니는 여초집단보다 발화 권력이 약한 사람들을 향한 집요한 공격과 조리돌림이 이루어지는 경우가 많았다. 이는 약자를 위한 운동이라는 명분을 크게 훼손시켰다. 사실 메갈리아는 많은 경우 남성 기득권을 직접적으로 공격하기보다는 남성 중에서도 비교적 취약하고, 사회적 입지가 부족한 '약자'를 향해 미러링이라는 이름의 폭력을 가했다. 예컨대 남성 저소득 계층을 향해 '이백충', '삼백충'과 같은 표현을 사용했을 뿐 아니라, '쉰내', '번탈남' 같은 모욕적인 표현 등을 활용했고, 남성의 외모 모욕하기, 장애인이나 성소수자 비하하기 등 약자를 공격하는 방식을 취했다.

미러링이라는 명분으로 정당화하기 어려운 사례도 있다. 여초 커뮤니티 일각에서는 2016년 구의역 참사 당시 희생자가 남성 청년이라는 이유로 그의 죽음을 조롱하고 축하하는 등 자신들의 폭력적인 언행에 대한 면죄부의 특권을 한껏 만끽하는 모습을 보였다. 군 복무 중 사고를 당하거나 목숨을 잃은 장병을 조롱하는 것 역시 오늘날에도 흔히 볼 수 있는 모습이다. 특히 메갈리아에서 비롯된 은어 중에는 남성의 극단적 선택을 조롱하고 축하하는 표현이 있다. 주로 극단적 선택을 결심하는 이들이 사회적으로 어떠한 입지에 있는 사람들인지 생각해보면 이러한 표현이 정말 기득권 강자를 향한 것인지 회의감이 들 수밖에 없다.

이것은 미러링의 명분 및 취지와 정면으로 반한다. 아무리 원본에게 복제본을 되돌려주는 운동이라 해도, 남성 중에서도 취약한 이들이 과연 그 원본이었을지 생각해봐야 했다. 이와 관련해 일부 여성 단체와 언론, 더 나아가 여성가족부 관료들은 미러링의 부정적 결과를 방조한 책임을 회피하기 위해 20~30대 남성의 분노를 신자유주의 시대의 불확실성, 기회의 상실 끝에 억눌린 박탈감과 울분을 약자에게 전가하는 것이라고 둘러댄다. 이른바 수평 폭력이라는 것이다. 그러면서 취약 계층 남성들에게 여성을 공격하지 말고 함께 잘못된 사회 구조를 바로잡자고 제안한다.

하지만 이런 젠체하는 담론의 흐름 자체가 취약한 남성에게 과도한 고통을 안기는 폭력일 뿐이라는 증거가 있다. 한국여성정책연구원이 2015년 수행한 연구 결과(「남성의 삶에 관한 기초연구(Ⅱ): 청년층 남성의 성평등 가치 갈등 요인을 중심으로」)를 보자. 연구에 따르면 흔히 생각하는 것과 달리 여성 혐오성 글을 올리는 사람이 주로 사회경제적 지위가 낮고 경쟁에서 소외된 계층의 루저-남성일 것이라는 추정은 현실과 부합하지 않는다. 오히려 삶의 만족도가 높고 장래를 비교적 낙관적으로 전망하는 남성 계층에서 여성 혐오성 글을 올리는 비율이 유의미하게 더 많았다. 외모 부분에서도 자신의 외모에 높은 자존감을 품은 남성이 여성 혐오성 글을 쓰는 비율이 유의미하게 더 많았다.

여성 혐오주의자를 남성 루저로 상정하고, 이들을 대상으로 집요하게 폭력적인 언행을 쏟아내고 저주하고 조리돌림하는 행태는 분명히 잘못됐다. 설사 낙오된 남성이 주로 여성 혐오 콘텐츠에 공감을 느꼈다고 할지라도 그것을 폭력으로 되갚고, 그 폭력을 진보 진영에서 정당화하는 과정이 바람직한지 고민해야 한다. 그럼에도 그간의 폭력적 움직임에 여성계가 자정의 필요성을 느끼지 못한 이유는 무엇일까. 개인적인 추정이지만, 그러는 편이 사회적 충격을 일으켜 본인들이 원하는 담론을 풀어놓기 유리하다고 판단했기 때문일 것이다. 더군다나 사회적 최상위 기득권층의 부패는 언제 어디서나 비판과 원망을 받고 있기에 이들을 향한 공격성 분출은 그다지 큰 주목을 받기 힘들 수 있다. 그래서 낙오된 남성을 향한 사회적 린치를 방조한 것일지도 모른다.

메갈리아를 위시한 래디컬 페미니즘의 남성 취약 계층을 향한 공격은 그 잔인성의 정도만큼 주목받기 쉽다. 이것은 일베저장소가 활용한 전략과 닮았다. 그리고 이러한 무례한 말하기의 수신자인 일부 남성 집단이 격분하여 소요를 일으키면, 그렇게 주목받기 시작한 담론의 공간 한가운데서 여성계는 서둘러 약자를 향해 이뤄진 비겁한 공격들을 뒤로 감추고 원론적인 여성 인권의 당

'그 손가락 모양'에 대응하는 영미권의 루저 이미지.

위를 설파한다. 이렇게 해서 미러링은 남성-약자가 아닌 가부장제 남성 기득권을 향한 공격으로 손쉽게 치환됐다. 그리하여 남성 집단 중에서도 사회적 보호가 필요한 이들은 그들을 보호해 주겠다는 진보 진영의 약속으로부터 배반당하고 냉대받게 되었다.

김보명(2018)은 남성이 여성을 대상으로 표출하던 언어를 여성이 미러링으로 남성에게 되돌려줌으로써, 여성들은 발화자의 권력이 전복될 수 있음을 자각하며 온라인에서 연대하게 되었다고 이야기한다. 그러나 사실 미러링은 애초부터 발화 권력이 약한 취약 계층을 겨냥하고 있었다. 그럼에도 일부 여성주의자들은 그러한 집요한 증오심을 사후적으로 정당화하기 위해 '취약 계층일수록 여성에 대한 혐오가 강하다'는 논리를 내세우며, 루저 남성들이 여전히 대다수 여성보다는 기득권자임을 강변하려 애썼다.

미러링 전략을 권장한 이들이 솔선수범해서 남성 내부의 약자와 성소수자에 대한 공격을 방관하지 말고 단호하게 맞서자고, 반복적이고 공개적으로 반대 의사를 표명했다면 더 좋았을 것이다. 미투 운동 정국에도 남성 일반을 후려치기보다는 권력을 가진 이들의 성착취에 맞서는 구도로 일관했다면 어땠을까. 그랬다면 협소한 정체성을 넘어 더 많은 이들이 여성운동의 대의에 연대하고, 초기에 기대했던 효과 측면에서도 더욱 선명한 결실을 얻었을 것이다.

4. 여성계는 변모할 수 있을까

2020년대 들어 여성계는 오로지 내부 결집용으로만 드문드문 메갈리아에 관해 이야기할 뿐, 공론장에서 여성계 외부 집단은 그 이름을 잊어 주기를 바라고 있다. 또 미러링이라는 기획에 대해서도 가급적 잊어 주었으면 하는 눈치이다. 이대남·이대녀 논쟁과 같은 최근 젠더 갈등의 양상에 대한 논의에서도 '미러링'이라는 이름을 언급하길 회피하는 모습이 보인다.

한번 기회가 된다면 맹목적으로 페미니즘을 변호하는 이들에게 메갈리아와 미러링에 관한 이야기를 꺼내 보라. 재미있게도 이들의 반응은 정확히 세 가지로 축약될 수 있다. 첫 번째 반응은 '메갈리아가 언제 적 일이냐며, 제발 좀 잊어 달라'고 신경질을 부리는 것이다. 두 번째 반응은 자신은 '메갈리아고 미러링이고 전혀 관심 없고 무관한 사람이며, 나랑 상관없으니까 그런 이름 들먹이지 말라'고 심통을 부리는 것이다. 세 번째 반응은 '그 정도 갈등은 있을 법했고, 피할 수 없었다'는 것이다.

한편 메갈리아라는 사이트는 사라졌을지언정 미러링이라는 이름의 면죄부가 아직 유효하다고 생각하는 많은 이들은 익명 커뮤니티와 SNS 가계정 뒤에 숨어 악의적 폭언과 조리돌림을 즐기고 있다. 예컨대 2021년 8월 18일, 일부 여초 커뮤니티에서 웹툰 작가이자 방송인인 기안84가 극단적인 선택을 했다는 허위 사실을 유포하였다. 이에 일부 이용자들은 기다렸다는 듯이 "사실이 아니라 아쉽다", "찐이면 추모금 6.9원 정도는 보내 줄 의향이 있다" 등의 의견을 남기며 그를 조롱했다.[4] 이처럼 실존 인물에 대한 집요한 폭언과 조리돌림 와중에도 가해자들은 이에 대한 일말의 죄의식도 내비치지 않았다. 이것은 미러링을 명분으로 여성 발화자의 저급한 발언에 면죄부를 부여한 이들이 문제의식을 느껴야 할 지점이다.

메갈리아 사태 이후 7년이 지났지만 젠더 갈등은 여전히 청년들을 고통스럽게 짓누르고 있다. '일시적 갈등을 거쳐 전반적 인권이 진전될 것'이라 호언장담한 이들의 바람과 달리 그 정도 기간이면 한 사람의 생애에 깊은 상흔을 남기기에 충분하다. 더 비관적인 것은, 아직 젠더 갈등 국면이 해소되고 긴장이 완화될 기미조차 보이지 않는다는 점이다. 사회 현상과 담론을 둘러싼 갈등은 피할 수 없을지도 모른다. 그러나 그것을 생산적인 형태로 풀어내기보다는 일시적인 세 불리기와 복수심 표출을 위한 '장작'으로 오용한 이들의 책임이 무겁다.

사실 여성계도 이런 혐오의 악순환 문제를 어느 정도 감지하고 있었을 것이다. 그럼에도 본인들의 담론적 일관성을 유지할 필요성보다는 극단적이고 자극적인 메시지가 당장 짧은 시간에 자신들의 세력을 결집하기에 유용하다는 점에 주목했기에 혐오의 악순환을 적극적으로 방관하는 모습을 보였다. 그 결과 본인들이 정의의 이름으로 사회 전체를 향해 손가락질한 행위가 자기 자신에게 되돌아오고 있다. 자신의 정의감과 분노가 거룩하다고 생각하는 만큼 그러한 전회도 고통스러울 것이다. 그러나 당장은 언짢더라도 미러링이 궁극적으로 실패한 전략이라는 사실을 인정하자. 그리고 지금까지 미러링의 부작용을 외면한 비겁한 태도가 상황을 악화시켰음을 직시하자.

초기 기획과 달리 미러링에 기반한 급진적 페미니즘 담론은 결국 병적인 정체성 갈등의 악순환으로 귀결됐다. 늦었지만 이제라도 반성적인 성찰과 담론을 공개적으로 내놓지 않으면, 미러링 전략의 상흔은 지속적인 악순환으로 이어질 것이다.

젠더 갈등에 대한 최악의 대응은 보수 진영의 일부 정치인들이 포퓰리즘을 통해 소위 '이대남'을 페미니즘에 적대적인 방향으로 이끌리도록 선동한다며 비난하는 것이다. 이것은 지나치게 편의적이고 피상적인 진단이다. 정작 현 20대가 마주한 젠더 갈등이 악화된 근본적 원인 중 하나는 바로 잘못된 방식으로 도입된 미러링 전략이다. 진보 진영의 담론 공간에서 손쉬운 모욕 대상으로 낙인찍힌 채 배척당하고 소외당한 20대 남성이 그 건너편의 정치 세력과 이해관계가 맞아떨어지는 건 너무나 당연한 귀결이지 않은가. 이대남 일부의 도를 넘은 역(逆)미러링도 비판받아야 하겠지만, 더 큰 차원에서는 미러링 전략 자체의 실패를 먼저 직시해야 한다.

개인적으로 일부 여성 페미니스트들이 미러링을 빙자한 폭주를 방기하거나 나아가 (암묵적으로) 권장한 것은 과거 운동에 헌신했던 시간에 대한 보상 심리에서 기인한다고 생각한다. 그럼에도 필자는 모두가 자유롭고 행복하게 공존하는 미래를 가꾸어야 할 청년 세대로서 이렇게 말하고 싶다. '당신들의 분풀이에 더는 희생당하고 싶지 않다'고 말이다. 또 기성세대의 일부 남성 페미니스트들은 자신을 돋보이도록 고의로 청년 세대 남성의 고통을 희화화하며 이들의 의견을 납작하게 뭉갠다. 사실 이들은 동년배 여성과의 경쟁 상황을 고민할 필요가 없었기 때문에 이런 무책임한 태도를 쉽게 내비치는 것이다. 청년 남성이 젠더 갈등의 장에서 더 정치적으로 조직화된 목소리를 낸다면, 이들 위선적인 기성세대 남성 페미니스트들이야말로 더 평등한 사회를 이룩하기 위해 가장 먼저 제단 위에 올라갈 희생 제물이 되어야 할지도 모른다.

다행스럽게도, 기혼 여성과 성소수자 계층을 향한 래디컬 페미니즘의 적대적 행위를 비판하는 움직임이 페미니즘 담론 내부에서 싹트기 시작했다. 늦은 감이 있지만, 남성과의 공존을 고민해야 한다는 주장도 조심스럽게 제기되었다. 예컨대 2021년 8월에 개최된 서울국제영화의 '쟁점포럼'에서는 '래디컬 페미니즘'을 비판적으로 성찰하는 발언이 눈길을 끌었다.[5] 포럼에서 김보명 부산대 교수는 비판을 허용하지 않는 래디컬 페미니즘의 폐쇄적 인식론을 비판하며, "여성과 '권력'의 새로운 공식을 원하지만, 시장과 국가 이외의 대안을 찾지 못한다"며 그 한계점을 지적하였다. 엄혜진 경희대 교수는 래디컬 페미니즘의

5. 한겨레, 「메갈리아는 일베에 조직적으로 대응한 유일한 당사자」, 2016.6.30.

전략인 미러링이 표면적으로는 급진적이지만, 결국 자기 자신의 피해에 대한 공감만을 호소하는 전략이었다고 분석했다. 그리고 미러링의 과정에서 공감을 위한 동질성 확보에 주력하다 보니 타자를 배제하는 방향으로 나아갔다고 비판했다.

5. 무엇을 할 것인가

물론 더 합리적이고 설득력 있는 방법을 사용해서 여성 인권을 공론화했더라도 반발심은 여전히 존재했을 것이다. 그때에도 여성을 비하하고 혐오 발언을 쏟아내는 사람은 있을 것이다. 그렇지만 기능적 차원에서 그러한 합리적인 방식이 전체적인 혐오의 수위와 총량을 줄이고, 여성의 고통에 대한 공감의 수준을 높이는 데 있어서 더 주효했을 것이라 생각한다.

오해하지 말았으면 한다. 지금까지의 논의는 여초 커뮤니티와 SNS 일각에서 이루어지고 있는 과격한 표현 일반을 원천적으로 봉쇄하고 금지하자는 취지의 이야기가 아니다. 필자는 온라인상의 표현의 자유는 폭넓게 보장되어야 한다고 생각한다. 다만 무의미한 폭언, 저주, 조리돌림에 대한 면죄부는 꽤 오래전에 이미 사회적 유통 기한이 지났으며, 이제는 더 이상 효과적으로 작동하지 않을 것이라는 사실을 분명히 할 필요가 있다. 타자에 대한 저주성 발언과 폭언, 특히 성급한 범주화와 악마화, 실존 인물을 향한 조리돌림을 경계할 필요가 있다. 그런 감정적 방식으로 일관하는 활동가나 단체는 여성운동의 대의에 아무런 도움이 되지 않기에 연대를 중단할 필요가 있다.

더불어, 한국 사회가 앞으로 마주할 사회적 도전들, 예컨대 난민, 이주민, 성소수자 문제 등 다양한 갈등 상황에서도 미러링이 문제 해결을 위한 공감과 합의 과정을 진전시키기보다는 오히려 가로막을 것이라는 점을 분명히 하고 넘어가야 한다. 페미니즘에 대한 수용 문제에서조차도 미러링은 여성과 남성, 청년과 기성세대 중 많은 이들로 하여금 심리적 방어 기제를 강화하고, 퇴행적이고 폐쇄적인 태도에 집착하도록 했다. 미러링이라는 이름의 기획은 한국 대중운동의 실패사로 남겨 두어야 한다. 다수에게 무의미한 고통만 안긴 갈등을 반면교사로 삼아 과거의 실수를 되풀이하지 말자. 만일 '미러링'이라는 기획이 한국 대중 운동사에 의미를 갖는다면 오로지 이러한 반면교사의 역할뿐이다.

나아가 단순히 갈등 봉합에만 그치지 말고 더 넓은 시야로 현재의 젠더 갈등 문제에 대처하면 좋겠다. 메갈리아와 미러링 전략이 대두된 이후 외집단 공격에 골몰하고 내집단 방어에 집착함으로써 모두가 피해자의 정체성을 공고히 하는 경향이 팽배해졌다. 이미 일부 여성학자들이 지적한 바와 같이 이런 폐쇄적 태도는 성소수자나 난민 등의 타자를 배척하는 태도를 강화할 뿐이다. 더 진보된 공동체를 원한다면 우리는 지금보다 더 많은 용기를 내야 한다. 不

참고문헌

논문 및 단행본

- 김보명(2018). 혐오의 정동경제학과 페미니스트 저항: <일간 베스트>, <메갈리아>, 그리고 <워마드>를 중심으로. 한국여성학. 34(1). 1-31.
- 김선희(2018). 혐오 미러링. 일산: 연암서가.
- 안상수 외(2015). 남성의 삶에 관한 기초연구(II) : 청년층 남성의 성평등 가치 갈등 요인을 중심으로 한국여성정책연구원.
- 안재경·민영(2020). 소통 전략으로서 미러링의 효과 : 관점 수용과 외집단에 대한 부정적 감정을 중심으로. 한국언론학보. 64(5). 46-80.
- 윤지영(2015). 전복적 반사경으로서의 메갈리안 논쟁: 남성 혐오는 가능한가. 한국여성철학, 24. 5-79.
- Andersson, L. M., & Pearson, C. M. (1999). Tif for tat? The spiraling effect of incivillity in the workplace. Academy of Management Review, 23(3). 452-471.
- Bradley, M. (2000). Emotion and motivation. In J. Cacioppo, L. Tassinary, & G. Bernston (Eds.), Handbook of psychophysicology. Cambridge, UK: Cambridge University Press.
- Branscombe, N. R., Wann D.L. (1994). Collective self-esteem consequences of outgroup derogation when a valued social identity is on trial. Europian Journal of Social Psychology, 24(6), 641-657.
- Carlson-Savelli, L. (1989). Role reversal: A concept analysis and reinterpretation of the research literature. Journal of Group Psychotherapy, Psychodrama and Sociometry, 42, 139-152.
- Gilbert, P. R. (2002). Discourses of female violence and societal gender stereotype. Violence Against Women, 8(11). 1271-1300.
- Kellerman, P. F. (1994). Role reversal in psychodrama. In P. Holmes, M. Karp, & M. Watson (Eds.), Psychodrama since Moreno: Innovations in theory and practice. New York, NY:Routledge.
- Mackie, D. M., Devos, T., & Smith, E. R. (2000). Intergroup emotions: Explaning offensive action tendencies in an intergroup context. Journal of Personality and Social Psychology, 79(4), 602-616.
- Mutz, D. C. (2015). In-your-face politics: The consequences of uncivil media. Princeton, NJ: Princeton University Press.
- Yaniv, D. (2012). Dynamics of creativity and empathy in role reversal: Contributions from neuroscience. Review of General Psychology, 16(1), 70-77.

기사

- 김명일, 「기안84 극단선택설 올리고 "사실 아니라 아쉽다"…도 넘은 여초사이트」『조선일보』 2021.08.18, https://n.news.naver.com/article/023/0003634450?fbclid=IwAR1TPD-Q2kaHBt9xwBz6c_mqCHon9vTIqzPyjiDUyx9YJ1erxQteGwmty60U(접속일자 2021.09.04.)
- 맹하경, 「젠더전쟁 시대, 페미니스트는 어떤 사람? 여가부 장관이 답했다」『한국일보』 2021.08.09, https://www.hankookilbo.com/News/Read/A2021080604320001360?did=NA(접속일자 2021.09.01.)
- 백승찬, 「페미니즘, 그들 안의 ' 펨'을 들추다」『경향신문』 2021.08.31 https://www.khan.co.kr/print.html?art_id=202108312202085(접속일자 2021.09.04.)
- 송권재, 「"메갈리아는 일베에 조직적으로 대응한 유일한 당사자"」『한겨레』 2016.07.30, https://www.hani.co.kr/arti/society/women/754513.html#csidx5a9021fc9a439538a3d481d191de5d5(접속일자 2021.09.04.)
- 심기문, 「10명 중 8명, 온라인 혐오 표현 심각…여성 혐오 가장 많아」『서울경제』 2021.09.02, https://www.sedaily.com/NewsVIew/22RB4V8XLP(접속일자 2021.09.04.)
- 홍진수, 「성차별 표현 가장 많은 커뮤니티는 '일베'…'워마드' '메갈리아'도 상위권」『경향신문』 2016.12.30, https://news.naver.com/main/read.naver mode=LSD&mid=sec&sid1=102&oid=032&aid=0002754065(접속일자 2021.09.04)

성희롱 예방 및 성평등 교육 후기

홍대선

한국외국어대학교 철학과를 졸업하고 작가,
칼럼니스트, 소설가, 평론가로 활동했다.
〈딴지일보〉에서 기자생활을 했다.
대학로 연극 〈최초의 인간〉, 창작뮤지컬
〈리드미언즈〉를 집필했으며
저서로 『테무진 to the 칸』,
『어떻게 휘둘리지 않는 개인이 되는가』,
『축구는 문화다』, 『1미터 개인의 간격』 등이 있다.

1. 성희롱 예방 및 성평등 교육

내가 쓰고 동생이 연출하는 창작 뮤지컬 건으로 한국콘텐츠진흥원 소속 기관인 '콘텐츠성평등센터의 성희롱 예방 및 성평등 교육'을 이수해야만 했다. 사회생활을 하다 보면 이런 교육을 피할 수 없다. 학교를 다니거나, 공공 기관에 재직하거나, 정부 기관이 벌이는 사업에 참여하다 보면 반드시 한번쯤은 들을 수밖에 없다.

강제로 이수해야만 하는 교육답게, 인터넷 익스플로러로만 교육이 가능했다. 회원 가입하고 20분이 지난 후였는데도 '6개월간 접속이 없었다'는 이유로 비밀번호를 변경하라는 알림이 떴다. 진땀을 뺀 후에야 겨우 회원 가입과 로그인 절차를 완료했다.

사이트의 유저 인터페이스가 엉망진창인 건 물론이다. 사용자 편의성은 애초에 기대하지도 않았다. 어차피 이런 종류의 교육은 납세자의 인내심을 시험하는 게 목표이므로 꽤 충실한 구성을 갖췄음을 인정한다.

2. 성인지 감수성이라는 치트키

이번에 들은 '성희롱 예방 및 성평등 교육'은 성인지 감수성이라는 게 반드시 갖춰야 할 필수 조건이라는 전제로 시작했다. 그러나 왜 그런지에 대한 이유를 조금만 듣다 보면 지금까지 이런 류의 교육이 얼마나 남성 유권자들에게 욕을 들어먹었는지 알 수 있었다.

디만, 강연에 나선 여성 강사의 태도는 생각보다 합리적이었고, 남성 청중을 의식한 듯 그들을 자극하지 않으려고 몇 번이고 반복해서 신경을 쓰는 모습을 보였다. 당연한 일이다. 얼마 전 나윤경 양성평등교육진흥원 원장은 성인지교육 영상에서 '남성은 성범죄의 잠재적 가해자로 취급되며 그에 대한 남성들의 해명은 시민적 의무' 따위의 발언을 내놓았다가 여론의 질타를 받았다. 굳이 선의로 해석한다면 이 발언은 자신의 속내를 솔직하게 드러냈다는 점에서 칭찬받을 여지도 있다. 그러나 아무래도 대선을 앞두고 있는 시점에서는 그런 종류의 발언을 노골적으로 하기 힘들 것이다.

아무튼 강사의 태도는 정중하고 화법은 우회적이었으나 본질적인 한계는 그대로다.

강연에서 반복적으로 강조하는 내용은 다음과 같은 것이다. 결국 성폭력을 규정하는 것은 '당신이 나에게 성폭력을 저질렀다'는 주장이라는 것이다. 강사는 청중을 설득하기 위해서 퍽 노력했지만, 내용상으로 납득할 수 없는 발언들이 이어졌다. 가만히 곱씹으면 자기 자신도 납득할 수 없을 논리를 지어내기 위해 애쓴다는 인상이었다. 그의 발언들을 들어 보자.

- 성희롱·성폭력의 조건은 "상대가 불쾌감을 느꼈다면"이다.
- "어떤 게 성희롱이고 아닌지는 사실 나도 모른다."
- "나 역시 '긴가민가하면 그냥 하지 않고 넘어가는 게 좋지 않을까요?' 하고 넘어간다."

그렇다면 성희롱·성폭력 피해는 어떻게 입증될까?

- 피해자의 주관적 사정(내가 불쾌했다는 주장).
- 가해자로 지목된 사람이 자신의 무고를 입증해야 한다.
- 이게 쉬울까 힘들까? 힘들다.

…그렇다고 한다. 그러니 강연을 듣는 여러분이 나쁜 사람이 아니라 하더라도, 여러분 자신을 위해서 애초에 오해를 살 행동 자체를 하지 말라는 얘기다. 그러나 이것은 일종의 처세술 영역에서 할 수 있는 이야기이지, 무려 법정 의무 교육의 형태로 가르쳐야 할 원리원칙이라 보기는 어렵다.

강사는 피해자가 나중에 말을 바꿔도 법은 피해자의 편일 것이며, 진술을 바꾸더라도 법원은 피해자의 사정을 성인지 감수성으로 알아서 고려해 줄 것이라는 현실을 명확히 의식하고 있었다. 성인지 감수성은 오늘날 사법 시스템의 예외 지대이다. 성인지 감수성이 작동하는 순간 근대 사법 시스템을 이루는 핵심인 증거주의에 입각한 재판, 무죄 추정의 원칙은 건너뛸 수 있다. 이런 세태를 비판한 최용문 변호사의 「유죄추정의 원칙」이라는 책의 서문을 인용해 보겠다.

"무죄 추정의 원칙이란 피고인 또는 피의자는 유죄 판결이 확정될 때

까지 무죄로 추정을 받는다는 것이며 이러한 입증 책임을 부여함으로써 공권력을 사용할 수 있는 국가보다 훨씬 불리한 처지에 놓일 수밖에 없는 시민과 국민의 인권을 보호하고자 하는 것이다. 헌법 제27조 제4항에서도 '형사피고인은 유죄의 판결이 확정될 때까지는 무죄로 추정된다'라고 규정하고 있으며, 형사소송법 제275의 2는 '피고인은 유죄의 판결이 확정될 때까지는 무죄로 추정된다'라고 규정하고 있다. 하지만 성범죄 사건에 한해 이러한 무죄 추정의 원칙을 지키지 않는 사건들이 많이 있으며 이는 시민들의 인권이 침해당하고 있다는 것을 의미한다."

최용문 변호사는 납득할 수 없는 이유로 유죄 판결을 받게 된 사건들을 위의 책에 담아냈다. 그런데 혹자는 이렇게 말한다. 성범죄는 증거가 남기 어렵기 때문에 성인지 감수성에 입각한 판결은 합당한 것이라고. 혹은 성범죄 문제가 요사이 사회적 공분을 사고 있으니 변화된 법감정을 반영해야 한다고 말한다. 그러나 다른 한편에서는 누가 봐도 음주운전이어도, 명백한 증거가 없으면 잡아 가둘 수 없는 것이 현실이다. 올해 초 한 승용차 운전자가 새벽에 가로등을 들이받고도 음주측정을 받지 않고 도주해 그를 음주운전 관련법으로 처벌하기 어려운 상황이 알려졌다. 여론의 공분을 산 것은 두말할 것도 없다. 그러나 그것은 형사소송법 제307조에서 말하는 '증거재판주의'의 원칙을 따른 결과이다.

① 사실의 인정은 증거에 의하여야 한다.
② 범죄사실의 인정은 합리적인 의심이 없는 정도의 증명에 이르러야 한다.

혹자는 음주운전이 심각한 사회적 해악을 끼치고 있으며 이에 관한 국민적 공분이 형성되었기 때문에 '의심'만으로도 운전자를 잡아 가둬야 한다고 말할 수 있다. 그러나 이는 대한민국 헌법 제12조에 반한다.

"모든 국민은 신체의 자유를 가진다. 누구든지 법률에 의하지 아니하고는 체포·구속·압수·수색 또는 심문을 받지 아니하며, 법률과 적법한 절차에 의하지 아니하고는 처벌·보안처분 또는 강제노역을 받지 아니한다."

음주운전자가 운 좋게 빠져나가는 상황을 법치주의 핑계로 방치하자는 이야기가 아니다. 다만 그런 상황을 방지하는 데 필요한 것은 증거를 수집하고 수사하는 수사 기관의 능력과 기술을 발전시키는 일이다. 만일 과거 마을 원님 재판식으로 의심 가는 사람들을 되는대로 잡아들이고 처벌했다면 과학수사기술은 영원히 발전하지 않았을 것이다.

한편 위와 같은 무죄 추정의 원칙이나 증거주의 재판의 원칙을 지키지 않고 사람을 잡아 가두는 경우는 딱 두 가지이다.

첫째는 계엄령이고, 둘째는 성인지 감수성이다.

강사는 이런 냉엄한 현실을 상냥한 얼굴로 말하고 있었던 것이다.

3. 무조건 사과하라

2회차 강연에 가면 내용은 더 섬뜩해진다.

성희롱 행위자로 지목되었을 때의 올바른 행동강령은 다음과 같은 것이라고 한다. 믿기지 않을 수 있지만, 강사는 사뭇 진지한 얼굴로 말했다.

1) 즉시 사과
2) 피해자의 요구 사항 이행
3) 징계가 합당하면 수용

즉 사과를 통해 가해자임을 인정하고, 요구 사항을 이행하면서 자신이 왜 가해자인지까지 구체적으로 밝히면, 결과적으로는 어떤 징계도 합당해질 것이므로 처음부터 묵묵히 수용하면 된다. 직장에서 잘려서 길거리에 나앉는다 해도 말이다.

바꿔 말해, 가해지목인의 모든 것은 피해자의 주관과 주장과 기분이 결정한다는 이야기이기도 하다.

그렇다면, 피해자의 주장은 과연 어떻게 믿을 수 있을까? 강사 왈 "천만 원도 안 되는 3백만 원, 5백만 원 합의금 받자고 성희롱·성폭력 피해를 고발하는 사람이 누가 있을까? 없다"는 것이 그 이유였다. 어이가 없는 노릇이다. 우선 3~5백만 원은 충분히 큰 돈이다. 그리고 그 합의금은 향후 피해자와 가해자의 관계와 운명에 영향을 미치는 강력한 증거가 될 수 있지 않은가? 평범한 사회인이라면 누구나 머릿속에 드는 이런 의문은 강사의 안중에 없었다.

　　세상은 강사의 생각만큼 아름답지 않다. 또 구체적인 욕망을 가진 구체적인 인간의 행위 동기는 언제나 필부의 협소한 상상력을 넘어선다. 자신의 거취에 대한 욕망이나 사적인 보복을 위해 미투를 하는 경우도 존재한다. 심지어 10살 초등학생의 허위 미투로 인해 한 남성이 1심 무죄 판결을 받기까지 6개월간 옥살이를 한 사례도 있다.[1] 13세 미만 미성년자를 강제추행한 혐의를 받을 경우 구속수사가 원칙이기 때문에 최종적으로 무죄 판결을 받았음에도 6개월의 옥살이를 보상받을 길은 거의 없다. 문제의 초등학생의 미투 동기는 어이없게도 자기 친구의 아빠인 그 남성이 자신과 '놀아주지 않아서'였다고 한다. 한국판 「더 헌트」이다. 그러나 강사의 논리에 따르면 이런 허위 미투의 가능성은 처음부터 논하지 말아야 한다는 것이다. 얼씨구.

　　더욱이 '피해자를 있는 그대로 편견 없이 바라보는 연습'을 하라고 하는데, 그럼 가해자로 지목된 사람이 누려야 할 무죄 추정의 원칙은 어찌 되는지 모르겠다.

4. 인지부조화

강연자도 현실에서 역차별이나 무고가 있다는 건 인정한다(사실 영상 속에서 이분, 모순된 논리를 하나의 얼개로 짜 맞추느라 퍽 고생하고 있다). 사실 강사도 한 남자를 골로 보내기 위해 인사팀에 성희롱으로 고발한 사례를 꺼내기도 했다.

　　그럼에도 강의는 결국 다시 '가해자로 지목된 너희는 별다른 방법이 없다'는 결론으로 다시 수렴한다.

　　예를 들어 사업주는 사업주대로 한 번 피해를 주장한 사람의 의사에 반하는 조치를 해서는 안 된다. 시키는 대로 해야 하는데, 유급휴가도 줘야 하며 가해자로 지목된 사람을 '원하면' 피해자의 눈앞에서 치워 줘야 한다. 이런 방식대로라면 다른 노동권 침해 사안에 대한 신고·구제 절차보다 성희롱 신고·구제 절차가 더 빠르고 간편하니, 허위 신고의 유인마저 생겨날 수 있는 구조이다.

　　게다가 성희롱 신고·구제 절차가 체계화될 수 있는 곳은 대기업과 공공 기관

1. 뉴시스, 「딸 친구 "성추행 당해" 거짓말…6개월 억울한 옥살이」, 2021.7.15.

한정이다. 만일 피해자·가해자 분리의 원칙을 곧이곧대로 적용한다면, 한 사무실을 쓰는 중소기업의 경우 일단 직장에서 잘리는 수밖에 없지 않은가? 강사는 성희롱 신고를 당했다고 해서 꼭 해고해야 한다는 뜻은 아니라고만 말하며 어물쩍 넘어간다.

자, 그럼 성희롱을 예방하려면 어떻게 해야 할까?

상대가 기분대로 주장하면 성희롱·성폭력이 되는 것이므로, 강연자도 잘 모르겠다고 한다. 내가 하는 말이 아니라 정말 "자기도 모르겠다"고 한다. 대신 "어려운 질문이지만, 불가능하다고 시도조차 안 하면 안 되니까"라고 얼버무린다.

여기서 문제는 자칭 피해자라는 사람이 자기가 불쾌했다고 주장하면 성희롱이냐, 아니냐는 거다. 위에서 말했지만, 강연자도 '모르겠다'면서 그냥 넘어간다. 어쨌거나 서로 사랑하고 존중하면 아름다운 세상이 올 거라고 눙치며 강연을 끝낸다. 이것이 오늘날 법정 의무 교육으로 실시되고 있는 성희롱·성폭력 예방 교육의 현주소이다.

5. 결국 답은 펜스룰이다

강연의 내용은 그 단어를 입에 담지 않았을 뿐, 명백히 단 하나의 해결책만을 말한다. 펜스룰[2]이다.

무죄 추정의 원칙, 증거주의 재판의 원칙이 성범죄 수사 및 재판의 영역뿐만 아니라 회사, 공공 기관 등 일상적인 공간에서마저 다 무너진 상황인데, 이 경우 개인의 입장에서는 애초에 문제의 소지를 일으키지 않을 만한 극한의 방어적 태도를 취하는 것이 합리적 선택이다.

그런데 누군가 펜스룰에 소외감과 불쾌감을 느꼈다면, 혹은 느꼈다고 주장한다면, 그건 그것대로 성폭력이 될 수 있는 게 아닌가? 과연 헤어 나올 수 없는 마법진이다. 자칭 피해자가 펜스룰이라면 펜스룰이고, 펜스룰이 성폭력이라면 성폭력이지 않은가. 그러므로 잠재적 성폭력 가해자가 되지 않을 방법이란 이 세상 어디에도 존재하지 않는다. 또 펜스룰 같은 거 하지 않았다고 해명해 봐야, 성희롱의 경우처럼 자기가 펜스룰로 느꼈다고 하면 그만이다. 이러나저러나 어차피 잠재적 가해자의 낙인에서 벗어날 수 없다면 적어도 법적인 영역에서만큼은 확실히 자신을 보호할 수 있는 펜스룰이 답이다.

2 의도하지 않은 성적 논란의 발생을 막기 위해, 부부 외의 다른 이성과 단둘이 있는 상황을 피하라는 개인적 신념 혹은 행동 양식을 의미한다. 전 미국 부통령 마이크 펜스의 개인적 신념으로 유명해졌지만, 본래 미국의 유명한 목사 빌리 그레이엄의 청지한 원칙으로 '빌리 그레이엄의 룰'이라 불리기도 한다. 직장 등지에서 이성과의 회식이나 출장 등을 피하려는 원칙으로도 통용된다.

펜스룰도 일종의 (성)폭력이라는 비난은 다행히도(?) 일부 여성 단체와 언론 매체의 주장일 뿐 아직 법적 잣대로 수용되지는 않았다. 따라서 주관적 잣대에 따라 혹은 허위 미투로 성희롱·성폭력 가해자로 지목될 가능성이 조금이라도 있다면 펜스룰을 통해 모두에게 불행한 상황을 미연에 방지하도록 처신하는 것이 바람직하다.

강연을 듣고 나니 예전과 달리 표현이나 전달에 있어서 남성 유권자 표심을 눈치 보는 건 알겠다. 하지만 강연을 보고 나서 느낀 소감은 그대로다.

"ㅅㅂ 뭘 어쩌라구." 不

'이대남'보다 더 센 '잼민이'가 온다
초등학교 교사의 현장 관찰기

모처에 근무 중인 초등학교 교사

1. 예민함을 가르칩니다

몇 년 전, 같은 학년에 학교 폭력 논란이 있었다. 자식이 뒷담화 피해를 보았다는 것이다. 즉시 학년 선생님 전체가 부모님들께 사건 조사 동의를 얻고 관련 학생들을 상담했다. 사건에 관련된 목격자가 꽤 많아서 상당량의 증언과 증거를 확보할 수 있었다. 결론부터 얘기하자면, 아이들 사이의 '학교 폭력'이라기보다는 다툼에 가까웠다. 아니, 다툼이라는 것도 피해를 주장하는 측의 예민함이었다. 사건은 부모들 사이 해묵은 감정싸움의 연장선에 가까웠다. 아이들은 졸지에 부모들의 대리인이 되어 버린 꼴이었다. 증거와 증언을 종합해 보면 오히려 피해를 주장하는 측이야말로 가해자로 지목될 수도 있었다. 그걸 모를 리 없는 피해자 학부모가 학폭위 개최를 거부하면서(어지간한 경우, 학폭위는 피해자가 요청해야 열린다.) 사건은 몇 달 동안 지지부진하게 이어졌다. 끝내 학폭위가 열려 교육청까지 가게 되었으나, 역시 결론은 '학교 폭력이라 볼 수 없음'이었다.

피해를 주장하는 학부모는 대단히 예민한 사람이었다. 본인들은 피해자이니 그것만으로 그 어떤 행동을 취하든 정당성이 부여된다는 듯 굴었다. 시도 때도 없이 학교와 교사들에게 연락하여 몇 시간 동안이나 부글부글 끓는 감정을 쏟아내고 다른 아이들과 학부모들을 비난했다. 그 예민함을 동원해 말꼬투리를 잡으며 모욕을 일삼았다. 듣고만 있어야 했던 교사들은 조용히 울분과 스트레스를 삭힐 뿐이었다. 중립적인 위치에 서야 할 수밖에 없는 교사들에게 일방적인 공감의 표시를 강요했다. 에둘러 이를 거부할 수밖에 없음을 표현하면 상급자에게 민원을 넣어댔다.

하지만 사건의 진행 과정을 전달해야 하는 학교 측의 연락은 무시하거나 학교장까지 동석하는 약속 자리에는 모습을 드러내지 않기 일쑤였다. 예민함을 앞세워 '정당한 요구'를 운운하는 모습과 달리 그에게 학교와 다른 학부모의 '정당한 요구'는 고려할 가치가 없는 것 같았다. 마치 가시를 곤두세운 고슴도치처럼, 그는 갈수록 주변의 평범한 자극에도 과잉된 반응을 보이며 적대감을 드러냈다. 어느 순간부터인가, 그의 목적은 자식이 호소하고 있다는 고통을 해결하는 것보다는 그 예민함으로 인해 받는 스트레스를 학교에 해소하려는 것으로 느껴지기 시작했다.

가해자로 지목된 아이들과 관련된 다른 아이들의 학부모들도 점점 예민해지기 시작했다. 당연한 결과였다. 모든 부모는 자식에 관해서는 예민해질 수밖에 없다. 하지만 상식적인 선에서 감정을 절제할 뿐이다. 그게 건강한 성인의 자세라는 걸 알고 있기 때문이다. 사건 초기에 다른 학부모들은 일단 피해 주장 측의 얘기를 들어 보고 나면 사과할 수도 있다는 의견을 전했다. 나중에는 인내심을 가지고 피해 주장 학부모에게 대화를 요청했다. 하지만 그 요청은 단 한 번도 받아들여지지 않았다. 다른 한 편에서는 교사와의 신뢰 관계를 깨지 않으려 노력했다. 교사로서는 정말 다행인 일이었다.

하지만 가해자로 지목된 상태에서 하염없이 시간을 허비하는 것은 그 자체로 스트레스다. 자꾸만 대화를 거부하고 주장과 증언을 번복하는 피해 주장 학부모, 그리고 사건의 진행과 마감에 대한 확답을 주지 못하는 학교에게 피로감을 느끼고 점점 분노하기 시작했다. 결국 학교를 통하지 않는 법적 해결책을 강구할 것을 선언하기도 했다. 때마침 사건은 피해 주장 학부모의 뒤늦은 요청으로 인해 학폭위가 열리며 학교의 손을 떠났다. 이 시점에서 사건은 완전히 부모들 간의 사적인 감정 다툼으로 변모해 있었다. 이 과정에서 다른 학부모들과 교사, 학교 사이의 신뢰 역시 크게 훼손될 뻔했다. 교육 공동체로써 상호 신뢰를 구축해야 할 가정과 학교 사이에 금이 가는 건 결코 바람직하지 못한 현상이다. 한 사람의 과도한 예민함이 연쇄적으로 이어지며 남긴 상처다. 다행히도 담임 교사들의 노력과 다른 학부모님들의 너그러움 덕분에 신뢰 관계는 상당히 회복되었던 것으로 기억한다.

피해 주장 학부모에게는 안타깝게도, 그 예민함은 그가 원하는 방식으로 문제를 해결하는 데 도움이 되지 않았다. 뒤늦은 학폭위 개최 요청으로 사건은 교육청으로 넘어갔으나 (당연히) '학교 폭력이 아니다'라는 결론이 내려졌다. 하지만 수개월 동안 갖은 스트레스에 시달린 교사와 학생, 학부모들에게 남은 것은 신뢰의 훼손 말고는 아무것도 없었다. 몇 개월 동안이나 피해자임을 주장하며 그 사단을 낸 그 학부모는 더 이상 별다른 연락을 하지 않았다. 교사들은 해당 학생이 학교에 다니기 힘들어하진 않을까 걱정하였지만, 다행이라고 해야 할지, 그 아이는 퍽 즐겁게 학교를 다녔다.

그 사건은 피해 주장 학부모가 어거지로 학폭 사건인 양 밀어붙인 일이었다. 하지만 그 학부모가 예민함으로만 똘똘 뭉친 태도를 고수하지 않았다면 어땠을까? 학교의 중재를 통해 다른 학부모와 슬기롭게 문제를 해결할 기회를 가졌을 것이다. 늦어서라도 터놓고 얘기할 자리를 걷어차지 않았더라면 몇 개월 동안의 해묵은 감정을 해소할 수도 있었을 것이다. 해소에 실패했더라도 대화를 나눌 기회는 가졌을 것이다. 하지만 그는 자신의 예민함으로 인해 받는 스트레스와 부정적인 감정을 학교에 쏟아내는 데 집중했고 많은 교사가 힘들어했다. 사건에 관련되어 몇 번의 상담과 끝도 없는 기다림만 반복하게 된 다른 아이들과 학부모들도 난감함과 불쾌감을 표하기는 마찬가지였다. 그 과도한 예민함은 다른 학부모와 학교 사이의 신뢰 관계에도 금을 낼 뻔했다. 결국 해당 사건은 '예민함'의 부작용만 확인시킨 채로 끝났다. 예민함은 문제를 해결하기보다는 문제로 인해 끊임없이 생성되는 부정적인 감정을 해소하려는 데에만 집중한다. 하지만 예민함의 원인을 조절하지 못하는 한 그 감정은 결코 해소되지 못한다.

"예민함을 가르칩니다."

우연히 교사 커뮤니티에서 보게 된 연수 배너의 글귀다. 순간 어이가 없었다. 그 '예민함'으로 인해 동료 교사들이 몇 달 동안이나 고통받았기 때문이다. 해당 커뮤니티에는 교사들이 겪는 온갖 사건 사고가 게시되기 일쑤였고 개중에는 내가 곁에서 겪은 사건 따위는 비교되기 힘들 정도로 심각한 사건도 많았다. 그때마다 많은 교사는 자기의 일처럼 '예민하게' 반응하고 분노했다. 가끔은 그런 반응을 보는 내가 의아함을 느낄 정도로 말이다. 어찌 보면 교사들의 삶은 이미 예민함으로 가득 차 부글부글 끓고 있는 것만 같았다. 내가 겪은 사건처럼, 과도한 예민함은 학교와 가정 사이에 소통을 어렵게 하고 교육 공동체의 신뢰 관계를 무너뜨릴 위험성을 내포하고 있다. 이미 수많은 교사들이 공동체의 다른 구성원들에 대한 신뢰를 잃은 것처럼 느껴질 정도였다. 예민함이라면 질릴 정도이다. 그런데 도대체 뭘 '예민함을 가르치겠다'는 소리인가. 물론 연수를 주최하는 교사들이 바보도 아니고, 그런 짓을 할 리는 없겠지. 잠깐 머리를 식히니 또 다른 기시감이 느껴졌다. '예민함'이라. 이 글을 읽는 당신들에게도 어째 익숙한 단어 아닌가?

아니나 다를까, 젠더 및 성평등 교육을 주제로 한 연수였다. 굳이 연수를 신청하지는 않았다. 하지만 연수 소개에도 언급된 동명의 책은 사서 보았다. 「예민함을 가르칩니다」 아이들과 함께 포괄적인 의미에서 다양한 '젠더 교육'을 실시한 초등학교 교사들이 편찬한 책이다. 수업 경험과 팁을 나누고 '젠더 교육의 중요성'을 알리고 있다. 읽어 보니 이 책은 쓸 만한 전반부와 몹쓸 후반부로 이루어져 있었다.

전반부는 상당히 괜찮은 수업들로 구성되어 있다. 성평등 교육, 성 고정 관념 교육, 성교육 등. 학급 사정에 맞춰 잘 다듬기만 하면 괜찮은 수업을 구성하는 데 도움이 될 것이다. 편찬한 교사들의 수업에 대한 고민과 연구가 느껴졌다. 성교육 수업은 꽤 인상적이었다. 유교 드래곤적 관점에서야 해괴망측할지 몰라도, 아이들이 성별의 차이와 '성'이라는 개념에 대해서 육체의 관점에서도 바르고 솔직하게 알아보도록 했다. 신체 접촉에 관해서도 스스로 허용할 수 있는 선을 제시하고 이를 받아들이는 활동을 통해 사회적 합의를 경험하도록 했다. 혹시라도 모를 학부모 민원의 걱정을 뿌리치고 '초등학교'에서 이런 수업을 했다는 것에 존경심을 표할 수밖에 없다.

하지만 전반부에서 그럭저럭 균형을 유지하는 저자들의 성평등적 자세가 후반부로 갈수록 급격하게 무너진다. 불법 촬영물에 관해 다루는 일부 부분을 제외하곤 대체로 우려되는 내용투성이인데, 나중에는 전형적인 페미니즘 교육이 대놓고 등장한다. 여느 페미니스트들이 앵무새처럼 뇌까리는 '페미니즘 교육은 성평등 교육'이라는 발언도 빠지지 않는다. 그리고 역시나 수업 내용에는 여성이 받는 성차별과 어머니의 희생 등, 예상 가능한 여성의 피해 서사들로 가득하다. 거기에 군대를 예시로 들며 남성들이 당하는 역차별을 주장하는 남학생에게 '기울어진 운동장'을 운운한 대목이나 '한국의 성별 격차가 세계 144개국 중 118위'라는, 그 지겹고도 한물간 왜곡 자료를 가지고 수업을 했다는 대목에서는 답답함을 다시 느꼈다. 「82년생 김

지영」을 가지고 수업을 진행했다는 대목에선 여러 가지 의미로 아찔해졌다.

저자들은 82년생으로 설정된 소설 속의 주인공이 겪는 '현실의 문제'가 2010년대 아이들의 삶에 정말 적용이 가능한 자료라고 생각하는 건가? "인류의 절반이 혹은 그 이상이 피해받거나 고통을 겪는 문제가 있어요."라며 발문을 던진 부분에서는 책값이 아까워졌다. 예민한 감수성을 키워 주겠다는 게 오직 '인류의 절반'을 위한 예민한 감수성이란 말인가? 성차별을 하지 말자는 교육을 하면서 왜 나머지 절반을 억압과 가해의 동조자로 여기게 만드는 발언을 서슴지 않는 것인가? 그렇게나 예민함과 공감, 그리고 감수성을 주장하는 교사들이 학생(특히 남학생)들의 '예민함'을 고려하지 않는다. 2010년대를 넘어 2020년대 현재를 살아갈 아이들의 삶에 진정으로 '공감'이 갈 자료를 제시하지 않는다. 아이들이 사회를 받아들이고 판단하는 '감수성'을 이해하지 못한다. 현대의 초등학생에게 과연 적절한 사고방식을 제시하려는 게 맞는지 심히 의심스럽다. 정말 '예민함'만으로 바람직한 젠더 교육이 가능하다고 생각하는가?

'예민함'은 분명 오래도록 결점으로 여겨지는 기질이었다. 집단주의와 권위주의가 팽배하던 대한민국 사회에서 조직에 대한 불만을 표시하는 사람은 쓸데없이 '예민한' 사람으로 치부되었다. 사회는 예민한 사람을 '단체 생활에 부적합한', '조직에 비협조적인', '자기중심적이고 어른스럽지 못한' 사람들로 후려치기 일쑤였다. 집단주의와 권위주의의 물이 조금씩 빠지기 시작하면서 아랫것들의 예민함을 후려치던 사람들도 '꼰대 딱지'를 맞진 않을까 눈치를 보게 됐다. 상황에 따라서, 예민함은 정당한 권리 요구로 받아들여지는 것 같기도 하다. 정체성 정치는 '예민함'을 결점에서 권장될 만한 기질로 바꾸어 놓았다. 정체성 정치

예 민 함

가 강조하는 '인권 감수성'을 기르기 위해서는 보다 예민한 감각으로 타인(특히 소수자)이 겪는 차별을 관찰하고 그 아픔에 공감해야 한다. 애초에 '감수성'이라는 단어의 의미부터가 '예민함'을 내포한다. 정체성 정치는 인권 감수성이 차별을 하나하나 개선하면서 사회를 점점 더 '정치적으로 올바른' 공간으로 바꾸어 나가는 힘이 될 것이라고 생각한다. 즉, '인권 감수성'을 갖춘 PC주의자들은 예민한 사람들이다. 하지만 PC주의자들에게서 보이는 수많은 문제점이 정작 이 과도한 '예민함'에서 나온다.

「예민함을 가르칩니다」의 저자들이 말하는 '예민함'에서 페미니스트를 비롯한 PC주의자들이 강조하여 말하는 특정 영역의 예민함과 'OOO 감수성' 따위를 연상하는 것은 어렵지 않다. 저자들 역시 예민한 감수성을 통해서 학교 안의 성차별을 인식하고 개선하도록 교육하는 데 목적이 있다고 얘기한다. 하지만 이미 필자가 겪은 학폭 비화 사건에서 밝혔다시피, 예민함에는 분명한 부작용이 있다. 예민함은 문제를 드러낼 수 있지만 해결할 수는 없다. 허약한 자아를 지닌 사람은 쉽게 예민함을 조절하지 못하고 다른 사람들에게 편협하고 적대적인 태도를 취하게 된다. 끝이 없는 자기 연민과 정당화는 덤이다. 심지어 그러한 예민함은 전염되는 성질이 있다. 피해를 주장했던 학부모처럼 과도한 예민함으로 상대를 대하면, 그 상대 역시 예민해지기 때문이다.

지난 몇 년 동안 정체성 정치와 PC가 전 세계를 강타했다. 우린 그 독선과 폐해를 너무나도 잘 안다. PC주의자들은 거칠고 낡은 도식으로 약자와 강자를 간단히 나누고 이를 '피해자'와 '가해자'로 단순하게 규정한다. 「예민함을 가르칩니다」의 저자들은 여성의 피해 서사를 강조하여 이야기하면서도, 남학생들의 예민한 반응에는 공감하지 못하듯이, 그들의 예민함은 반쪽짜리에 불과하다. 예민함의

폭주는 날카로운 가시를 세운 고슴도치처럼 굴던 그 학부모처럼, 타인에 대한 적대감과 과잉된 반응으로 이어진다. 그렇게 PC주의자들에게 갑자기 따귀를 얻어맞은 무수한 '강자-가해자(?)'들은 격렬하게 반발했다. 끝내 본인들도 예민해질 수밖에 없던 다른 학부모들처럼 그 '강자-가해자'들도 예민해졌다.

예민함은 그렇게 전염되어 결국 사람들을 작고 협소한 n개의 정체성들 안에 갇히게 만들었다. 공감은 내 정체성 바깥의 집단에는 작동하지 않는 반쪽짜리로 전락해 버렸다. 사람들이 예민함을 통해 공감하고 연대하여 사회를 바꿀 것이라는 PC주의자들의 꽃밭 속 이상 세계와 달리, 비슷한 정체성을 공유하는 치들끼리 온라인 커뮤니티에 옹기종기 둘러앉아 브레이크 없는 분노와 혐오를 배설한다. 과도한 예민함을 무기로 삼는 학부모처럼 문제를 벌려 놓을 뿐 어떤 생산적인 해결책도 도출되지 않는다. 만인의 정체성과 예민함이 충돌하는 '대혐오시대'가 열린 것이다.

PC주의와 정체성 정치는 오래전부터 PC한 공교육을 통해 이런 사태를 방지하거나 수습하려고 했다. 하지만 사회의 문제를 해결하기 위해 공교육을 손보겠다는 수많은 시도가 그래왔듯이 무의미한 짓이다. 아니, PC한 교육은 오히려 혐오와 갈등을 악화시켰다. 각종 여론 조사는 더 어린 세대로 갈수록 젠더 갈등이 심화되고 있다는 사실을 분명히 보여주고 있다. 10대를 중심으로 한 온라인 공간은 물론 오프라인에서도 남녀에 대한 혐오를 담은 언어와 페미니즘에 대한 반감이 넘쳐난다. 전교조는 2021년 9월 9일 기자회견을 열고 ⬚학교 내 페미니즘 백래시와 성희롱 성폭력에 대한 교사 설문 조사⬚ 결과를 발표했다. (통계의 신뢰성에 대해 상당한 의구심이 들지만) 설문 조사에 의하면 여교사의 37.5%는 백래시를 경험했다고 답했다. 그리고 그중 66%는 학생에 의해 백래시가 이루어졌다

고 답했다. 전교조는 이를 젠더 권력에 의한 위계적 폭력으로 해석하며 해결을 위해 더 많은 성인지 교육 필요성을 운운했다.

하지만 학생들의 높은 백래시 비율은 '성인지 교육 부족'이 아니라 '성인지 교육 실패'라는 냉정한 현실을 보여주고 있을 뿐이다. 학생의 거부감과 예민함을 전혀 고려하지 않는 성인지 교육 강화는 문제를 해결하는 답이 될 수 없다. 더 큰 반발을 부르고 학교 현장을 젠더 갈등의 최전선으로 이끌 것이다. PC한 세계관을 유지하기 위한 현실 부정부터 그만둬야 한다. PC주의자들의 꽃밭을 만들고자 하는 성인지 교육을 그만두고 집단의 갈등을 슬기롭게 해결하는 경험을 갖도록 교육해야 한다. 남녀가 서로의 선을 확인하고 규칙을 정하며 이에 대해서 꾸준히 토론할 필요가 있다. 무엇보다도 이런 교육을 시도하기 위해서는 일부 교사들은 PC한 의식에 기반한 자신들의 예민함부터 다스릴 줄 알아야 한다. 어른이면 어른답게 갈등과 어려움에 대처해야 하는 법이다. 페미니즘에 대한 학생들의 반발조차 '남성 권력의 발현'이라 징징대는 교사는 교육자는커녕 어른으로서도 존중받을 자격이 없다.

「예민함을 가르칩니다」의 교사들이 2018년에 꿈꾸던 미래와는 달리, 2021년 현재의 10대는 정체성 정치가 희망을 걸어도 될 상대가 아니다. 더 많은 10대가 PC주의와 정체성 정치를 강하게 거부하고 있다. 현재 청소년들이야말로 젠더 갈등이라는 폭탄의 뇌관에 가깝다. PC와 정체성 정치를 통해 이 '대혐오시대'를 열어젖힌 이들은 이 사태에 대해 반드시 책임을 져야 하지만, 그럴 능력부터가 있는지 의문이다. 새로운 세대가 살아가는 시대에 예민하게 반응하지 못할 뿐만 아니라 새로운 세대의 사고방식에 공감하지 못하기 때문이다. 이들은 아직도 '예민함' 따위로 세상을 바꿀 수 있다는 지루한 'PC교육'을 반복하며 미래의 잠재적 갈등을 양산할 궁리만 하고 있을 따름이다.

2. 아이들은 잼민이라는 '단어'에 어떻게 반응할까?

어른들은 초등학생들에 대해 참 많은 착각을 한다. 단순히 철이 없을 거라는 착각. 라떼와는 다르게 부모에게서 우쭈쭈만 받고 자라서 기본적인 예의를 밥 말아 먹은 세대라는 착각. 본인들이 방과 후에 피카츄 돈까스를 꼬나물고 500원짜리 피씨방을 찾아다니던 시절보다 훨씬 영악하고 사악한 애들일 거라

는 착각. '잼민이들이 뭔 생각이 있겠냐?'며 모두 그때 그 시절 내 수준의 '능지'를 보유했으리라 여기는 착각. 그리고 PC주의자들은 이런 착각을 많이 한다. PC한 내용을 듬뿍 담은 교육을 하면 아이들이 PC한 시민으로 성장할 거라는 착각.

"잼민이라는 단어는 아동 혐오 표현입니다."

얼마 전에 온라인 연수를 받다가 들었던 소리다. 평소 아이들과 자연스럽게 밈과 유행어 등을 농담으로 주고받으며 수업 주제로 써먹기도 하는지라 순간 식겁했다. 애들이 어느 순간 부모님께 말씀해서 민원이 들어오면 어떡하지? 소시민 교사다운 걱정이 머리를 스쳤다. 다행히 아직은 민원을 받은 적이 없다. 우리 반 아이들에게 감사할 따름이다. 얘들아 날 인내해 줘서 고마워!

물론 같은 온라인 연수를 받으며 해당 발언을 접한 교사 대다수는 이렇게 받아들였을 것 같다. '혹시라도 민원 폭탄이 발생하는 일을 피하기 위해서라도 잼민이라는 말은 쓰지 마세요.' 예기치 못한 위협을 미리 방지하기 위한 과할 정도의 원칙주의. 공무원의 기본자세 아니겠는가? 하지만 그렇게 호의적으로만 해석하기엔 영상 속 강사님의 표정은 대단히 진지했다. 갖은 '혐오 발언'의 의미를 제대로 알려주고 학생들이 사용하지 않도록 올바르게 교육하여 바람직한 시민 의식을 길러 줘야 한다는 얘길 하셨다. 매우 진지하게 말이다. 학년당 한 번씩은 국어 교과서에 포함되는 '소중한 우리말' 같은 단원이 떠올랐다. '틀니딱딱 드립이 절로 나올 법한 십 년 전 유행어나 줄임말 따위를 예시로 드는 그 단원 말이다. 세종대왕님을 운운하며 우리말을 지키자고 강변하던 그 단원 말이다. 그만큼이나 한낱 은어의 영역에 너무 '찐텐'으로 엄격, 근엄, 진지하신

것 같아서 보고 있기가 부담스러웠다. 구글링을 돌려 보니, 연수와 비슷한 논조의 기사들이 걸렸다. 아동 관련 신문에서는 대놓고 '아동 혐오 발언'으로 규정하고 있었다.

분명 '잼민이'를 사용할 때 부정적인 용도로 사용하는 사례를 꽤 볼 수 있다. 수많은 급식-학식-회식¹들도 유튜브 댓글란에서 툭하면 '가상의 잼민이'를 허수아비 삼아 찌질하게 두들겨 패기 일쑤다. 자기들이 하던 게임이 노잼되어도 잼민이 탓이고 자기들이 보던 웹툰이 노잼돼도 잼민이 탓이다. 하지만 이전 세대의 '초딩' 또한 인터넷에서 마찬가지의 비난을 들었다. 방학만 되면 온갖 인터넷 커뮤니티에는 학교에서 쏟아져 나오는 초딩들의 이미지를 올려놓고 초글링 운운하는 유머글이 유행했다. 하지만 초딩이라는 단어가 그러했듯이, 잼민이 역시 '어린이'라는 일반명사를 대체하는, (다소 거친) 은어 정도로 사용되는 경우가 분명히 있다. 무엇보다 아이들도 스스로 '잼민이'라는 단어를 재밌게 사용하곤 한다. 공적인 영역에서 사용되기에는 부적절하다 해도 사적인 영역에서까지 혐오 발언이라는 식으로 규제해야 하는가는 충분히 의문이 들 수 있다.

교사들이야 교육은 물론 개인 신상을 위해서라도 교실에서는 은어를 지양하고 되도록 고운말을 사용해야 한다. 하지만 은어의 영역에 해당하는 단어를 단순히 법봉 내리치듯이 땅땅땅 하고 혐오 발언으로 규정하고 가르치는 게 과연 적절한 교육일까? 지나치게 까다로운 기준을 들이밀며 아이들의 일상 언어를 어른과 PC의 입맛에 맞게 교정하려 드는 건 아닌가? 아이들한테 제대로 물어보긴 하고 '잼민이'를 아동 혐오 단어로 규정하는 것인가? 그렇게 교육한들 아이들이 '잼민이'라는 말을 쓰지 않기라도 한다는 것일까? 이건 PC주의자들이 즐기는 쪼잔한 언어 검열은 아닌가?

언어 검열은 PC주의자들의 주무기다. 그들은 '예민한

---

1. 급식은 초등학생, 학식은 중고등학생, 회식은 직장인을 일컫는 은어.

감수성'을 레이더 삼아 '혐오 발언'의 리스트를 뽑아서 대중의 언어를 검열하고 결과를 광장에 게시한 뒤, 린치하기를 즐긴다. 특정한 단어에 그럴싸한 이유를 붙여 '혐오 발언'으로 만들고 나면, 발화자를 손쉽게 '혐오종자'로 낙인찍고 밟아 줄 수 있다. 예민함으로 똘똘 뭉친 독선의 무리에겐 광장에 매달아 부정적인 감정을 배설할 대상이 필요하니까. PC주의자 아무개의 비대한 예민함을 건드려 '불편하다'는 한 마디를 끌어낸다면 혐오 발언이 되기에 충분하다. 온갖 미디어가 달라붙어 PC식 언어 검열의 '정당성'을 강화해 준다. '보이루'라는 무해한 말 한마디에 들러붙은 페미니스트들 때문에 하루아침에 여혐종자가 된 BJ 보겸은 대표적인 언어 검열의 희생자다. 일련의 과정에 충분한 언어학적, 사회적 숙고가 끼어들 틈은 없다. 발화 당사자와 언어 사용자들의 의견과 상황, 맥락은 쉽게 무시된다. 이런 PC식 언어 검열 프로세스가 학교의 생활 지도 프로세스와 딱 맞아떨어지기 때문일까? PC주의자들은 참으로 열심히도 학교에서 PC식 언어 검열을 시도하고자 한다. 성인지 교육에서 얼마나 많은 성평등 언어를 교육하려고 하는지 떠올려보자.

그럼 '잼민이'들은 '잼민이'라는 단어를 어떻게 생각할까? 적어도 2년간 고학년 담임을 맡아 본 입장에서 말하자면, 초등학생이 마냥 '잼민이'에 거부감을 보이지는 않는다. 서로에게 '잼민이'라는 말을 쓰는 데에는 오히려 익숙하다. 물론 부정적인 의미로 그 단어를 사용하기도 했지만 마치 흑인이 서로를 nigga라고 부르듯이 서로를 잼민이로 지칭하며 농담을 주고받는 모습에 가까울 때가 더 많다. 서로를 잼민이라고 칭하며 놀리는 게 너무 시끄러웠을 때, 교사가 "조용히 해라, 잼민이들아."라고 한 적도 있었다. 아이들은 즐거워하면 즐거워했지, 불쾌감을 드러내지는 않았다. 자신들과 담임 정도의 라포를 형성한 사람이 사용했

을 때, 불쾌하게 받아들이지는 않는다는 뜻이다.

아이들에게 직접 물어보기로 했다. '잼민이'라는 단어와 누군가 그 단어를 사용하는 것에 대한 솔직하고 자유로운 의견을 부탁했다. 조사는 익명성을 보장하기 위해 온라인으로 이루어졌다. 생각보다 많은 아이가 답변해 주었고 의견도 매우 다양했다. 대부분 '혐오 발언'으로 생각하지는 않는다고 했다. 물론 '잼민이'의 유래와 사용례를 자세하게 들며 매우 기분이 나쁜 혐오 발언이니 사용하지 말아야 한다는 아이들도 있었다. 별 상관하지 않는 아이들이나 뭐가 문제냐는 아이들도 있었다. 하지만 결과적으로 볼 때, 절대 다수는 '누가', '어떻게' 사용하느냐에 따라 기분이 달라진다고 답했다. 아이들은 '잼민이'라는 '단어 자체'보다는 초등학생을 함부로 비하하는 '의도'와 '상황'을 불쾌해했다. 특히, 전혀 모르는 사람들이 잼민이 운운하며 허수아비 때리듯 초등학생 탓을 하는 게 대단히 불쾌하다고 답한 아이들이 꽤 있었다.

아이들에게 받은 의견들을 정리하고 간단하게 토의 시간을 가졌다. 익명이었더라도 이미 '잼민이'에 대한 의견을 충분히 밝혔기 때문일까, 아니면 굉장히 친숙한 주제이기 때문일까? 아이들은 생각보다 쉽게 자신의 의견을 밝혔고 나름의 근거를 들어가며 의견을 나눴다. 나름의 근거를 갖춘 아이들도 있었고 "그냥!"이라며 한바탕 소리를 내지르는 아이도 있었다. 물론 관심이 없는 아이들도 있었다. 중요한 건, '잼민이'는 내가 우려한 만큼 민감한 주제는 아니었다는 것이다. 오히려 수업 시간에 써먹을 수 있을 만큼 아이들에게 친숙하면서도 '예민하게' 관심을 가질 만한 주제로 받아들였다. 토의를 마친 후에는 각자의 생각을 정리하여 적도록 하고 수업을 마무리했다. 그리고 지난번의 설문 조사와 이번 수업에 대한 의견을 익명으로 받았다. 대부분 '재미있었다' 수준의 답(담임을 배려하는 표현이다.

지루하지만 참을 만은 했다는 것)을 주었다. 어떤 아이는 자신과 다른 의견에 동의할 수 없지만, 존중은 하겠다고 답했다. 어떤 아이들은 학교에서 단순히 무언가를 금지하자고 가르치기보다는 이런 식으로 자기 의견을 들어 주면 좋겠다고 답했다. 상당수는 선생님이 말하면 재미있으니까 '잼민이'를 금지하면 안 된다고 했다.

허접한 설문 조사였다. 토의는 즉흥적이었고 교사와 아이들 모두 충분한 훈련과 경험을 갖추지 못했기 때문에 제대로 된 수업이라기에는 부족한 부분이 많았다. 하지만 아이들이 '어린이'라는 자신의 정체성에 대해 예민해 하면서도 나름의 '허용 범위'를 설정하고 있음을 알 수 있었다. 그리고 어떤 아이들은 사회 문제에 대한 자신들의 의견과 논리를 개진할 기회를 원한다는 것도 알 수 있었다. 아이들은 내가 생각했던 것보다 상당히 많은 생각을 하고 있었다. 그렇기에 여태까지의 내 태도와 수업을 되돌아보게 되었다. 나는 사회 현안을 다루는 수업을 하며 아이들의 의견을 충분히 들어 보고 있었는가? 아이들이 자신의 의견을 밝힐 기회를 제공하고 있었는가? 우리 교실은 나의 의견이 존중받는다고 느낄 수 있는 분위기를 유지하고 있었는가?

우리 틀딱들은 잼민이에 대해서 참 많은 착각을 한다. 잼민이들은 개념이 없고 단순할 거라는 착각. 미래의 주인공이 될 소중한 초등학생을 위해, 각종 혐오로부터 지켜낼 '위생 교육'을 해야 한다는 착각. 사회 현안에 대한 생각이 깊지 못할 거라는 착각. 잼민이들의 의견을 들어 보지도 않고 하는 교육이 '올바르기만' 할 것이라는 착각.

3. 아이들 사이에서도 희화화되는 '그 페미니즘'

"너 페미니스트야?"

언젠가 교실에서 남자아이들끼리 서로 말장난을 치다가 나온 농담조의 놀림이었다. 그 소릴 들은 아이는 과장되게 부정했고, 남녀 아이들 모두가 그 모습에 깔깔댔다. '갑분싸'가 되거나 불편한 기색을 보인 아이들은 없었지만, 어찌 됐든 민감하게 받아들여질 수 있는 발언 아니겠는가? 일단 아이들을 조용히 시킨 뒤에 수업을 다시 진행했다.

아마 『예민함을 가르칩니다』의 저자들처럼 '젠더 교육' 따위를 지향하는 페미니스트 교사라면 뜨악했을 이야기다. 듣고서는 상처받은 예민한 감수성으로 충만해졌을지도 모른다. 남자아이들이 '페미니스트'를 비하와 모욕의 수단으로 사용하다니? 심지어 여자아이들은 그걸 듣고도 입을 다물고 있었다니? 담임이란 작자는 거기서 별다른 고민과 교육 없이 그냥 넘어갔다니? 이게 바로 '기울어진 운동장'과 '여성 혐오'가 2021년 대한민국의 초등학교 교실에서마저 노골적으로 작동한다는 완벽한 근거가 아니겠는가? 당장 젠더 감수성 교육을 통해 아이들이 PC한 말을 가려 쓰도록 해야 한다! 여자아이들이 교실에서도 눈치 보지 않고 '여성 혐오'에 대항할 수 있도록 페미니즘을 필수로 교육해야 한다! 윤지선 교수님의 논문을 빌어다 쓰자면, 담당 교사는 "한남유충에서 한남충으로의 변태 과정"을 그저 목도하고만 있는 것이다! 담임을 엄중히 징계하고 페미니스트 교사로 교체해야 한다! 교육과 아이들을 구해야만 한다!

실제로 페미니스트들은 다양한 방식으로 페미니즘 주입 교육을 시도해 왔다. 예민한 감수성으로 무장한 수많은 '젠더', '페미니스트' 교사들이 오늘도 미래의 성평등을 위해 젠더 관련 수업을 진행한다. 여성가족부 산하의 양성평등교육진흥원 같은 곳에서 파견된 강사가 학생과 교사들을 대상으로 한 각종 성인지 감수성 교육에 투입된다. 어릴 적부터 학생들에게 '예민함'을 주입하고, 젠더 감수성을 키워 주려고 한다. '여성 혐오 발언'과 '페미니스트의 일부 행태를 희화화하는 것'은 절대 동의어가 아님을 분명히 알고 있음에도 불구하고, 그들은 '페미니스트에 대한 오해' 운운하며 학생들의 언행을 '여성 혐오'의 카테고리로 밀어 넣을 것이다. '잼민이'는 아동 혐오 발언이니 쓰지 않도록 가르쳐야 한다는 발상과 마찬가지다. 그렇게 PC식 언어 검열의 레이더를 작동시킨다. PC한 단어들을 가르쳐서 PC한 학생을 길러 내려고 든다. 그런데 아이들에게 의견을 물어보긴 했는가? 그런 말을 사용하는 맥락과 의도를 면밀히 파악하고 기획한 교육인가? 그냥 그 얘기를 주워들은 PC주의자님의 기분이 좀 더러우시니까 아이들의 언어를 검열하겠다는 것은 아닌가?

발언의 당사자들과 주변 모둠원[2]을 따로 불러 이야기를 들어 보았다. 그 아이들은 '페미니스트'를 자기가 좋은 것만 하겠다는 '얌체'나 '거짓말쟁이' 같은 의미로 사용했다. A와 B가 한 모둠으로 활동을 하는 중인데, B는 항상 자기가 하고 싶은 것, 쉬운 것만 하고, 어렵거나 까다로운 건 다른 모둠원에게 미루고 약속도 어긴다는 것이다. 그래서 A가 B에게 "네가 무슨 페미니스트냐?"라고 했다는 것이다. 모둠의 여자아이들(모둠활동은 이 아이들이 주도한다. 우리 반에서 가장 똑똑하고 발언권이 센 아이들이니까)은 자기들에게 한 얘기도 아니고 기분이 상한 건 아니라고 했다. 다만 '페미니스트'를 단순한 비하의 의미로는 사용하지 말아 달라고도 했다. A와 B는 이를 받아들였고 모둠원들에게 수업을 방해한 것을 사과했다. 교실에서는 모둠 활동 중 서로에 대한 비아냥을 자제할 것과 최소한의 협조적인 태도를 보일 것을 지도하였다. '잼민이' 때처럼 반 전체에게 의견을 묻고 수업해 볼까도 싶었지만, 그렇게 하진 못했다. 분위기를 타고 수업으로 급하게 발전시키기에는 준비가 부족했고, 자칫 수업을 잘못 설계하면 교실 속 남녀 갈등을 유발하지는 않을까 싶었다.

그날 이후에도 가끔 다른 남자아이끼리 '페미니스트'를 부정적인 의미로 사용하는 경우를 발견할 수 있었다. 그때마다 A와 B가 장난스럽게 다른 말로 쓰자고 유도하곤 했는데, 어느 순간부터는 '페미니스트'를 사용해 상대방을 비하하는 모습을 볼 수는 없었다. 페미니스트에 대한 긍정적인 인식 변화일까? 글쎄, 이건 아이들이 스스로 교실의 새로운 규칙을 만들고 적응한 것에 가깝다. 실제로 그 아이들에게 나중에 다시 물어봤을 때도 페미니스트에는 매우 부정적이었다. 단지 같은 모둠 여자애들에게 위화감을 주기 싫었고 서로 안 쓰기로 약속했으니까 안 쓴다고 했을 뿐이다. 모둠의 여자아이들도 마찬가지였다. 약속한 부분을 지켜준다면, 그 아이들이 자신들을 무시하고 미워한다고 여기지 않는다고 했다. 실제로 그 모둠의 아이들은 여전히 수업 시간마다 시끄럽고 활발하며 남녀 가리지 않고 어울려 논다. 예민함이 부족한 것일까? 아니, 이건 어른스러운 것이다. 예민함을 드러내며 과잉된 반응으로 상대에게 날을 세우지 않는다. 서로의 기분에 매몰되어 날카롭게 행동하고 말하기보다는 합의에 이르고 규칙을 만든다. 그게 온라인에서 혐오를 쏟아내는, 덜 자란 PC와 안티 PC들과는 다른, 바람직하고 어른스러운 방식이다.

페미니스트들이 이 사건에 대해서 어떻게 생각하든지 나는 아이들 사이의 합의에 이르도록 하는 방식의 문제 해결 과정이 교육적으로 더 바람직하다고 생각한다. 교사의 단순한 지도와 금지를 통해 아이들의 머릿속까지 주무를 수 있다는 건 오만에 불과하다. 민감한 부분일수록 서로의 선을 확인하고 합의를 통해 규칙을 새로이 정하는 방식을 경험하게 해야 한다. 그게 '잼민이'들을 제대로 된 '회식'들로 자라게 해 줄 것이다.

4. 영화 〈조커〉로 보는 라포(rapport) 형성의 중요성

라포(rapport)란 상호 신뢰 관계를 의미하는 것으로 두 사람 사이에
감정 교류를 통한 공감이 형성되어 있는 상태를 말합니다.
| 서울 아산병원

"학교에서 가장 중요한 달은 3월이에요. 3월 한 달 동안 아이들이랑 얼마나 라포를 형성했는가? 그게 나머지 1년을 결정해요."

교대 3학년 교생 실습을 나갔을 때 담임 선생님께 들었던 말씀이다. 교대의 특성상 3학년에는 무조건 한 달간의 실습을 나가게 되는데, 그때 만난 담임교사는 지역 내 다른 학교에서도 '수업 잘하고 아이들과 잘 노는' 능력 있는 교사로 유명한 분이었다. 한 달 동안 교대에서는 얻기 힘든 많은 조언과 가르침을 받았다. 그중에서 그분이 유독 강조한 것이 바로 학생과의 라포(rapport) 형성이었다. 그 선생님은 라포 형성을 위해 딱 두 가지만 지켜 달라고 했다.

첫째, 들어 줘야 한다. 선을 넘는 잘못을 저지른 아이에게는 불같이 화를 내며 쥐 잡듯이 야단을 칠 필요도 있다. 대신 그 아이의 얘기를 적어도 한 번은 들어 줘야 한다. 의견이든 변명이든 단 한마디조차 듣지 않으려 할 때, 아이들은 담임에 대한 기대를 거둔다.

둘째, 보살핌을 느끼게 해 줘야 한다. 교사가 학생 본인의 삶에 '관심'을 가지고 신경 쓰고 있다는 것을 '느끼게' 해 줘야 한다. 아무리 열심히 "너희들을 보살피고 있다"고 말한들, 그걸 '느끼게' 하지 못하는 교사는 신뢰받지 못한다. 예를 들어, 학급 내에서 괴롭힘 사건이 있었다고 치자. 가해자와 피해자가 확실히 가려졌다면, 교사는 가해자들을 정말 쥐 잡듯이 혼을 내고 다시는 그런 일이 없을 거란 다짐을 받아 내야 한다. 그렇게 피해자에게는 '내가 너를 지켜주는 사람'이라는 느낌을 주고 학급의 다른 아이들에게는 '누구나 원칙대로 공평하게 대우하며 이를 어길 시에는 엄하게 벌할 것'이라고 느끼게 해 줘야 한다. 그래야 '피해자'인 아이도 교사와의 라포를 형성하고 '교육'과 '어른'을 신뢰할 수 있다. 끈끈한 라포는 상호 신뢰로 이어진다.

교사와 더 친밀한 라포를 형성할수록 지겹고 답답한 학교도 버틸 만한 법이다. 반대로 최소한의 라포조차 형성되지 않았다면, 설리번 선생님의 진심 어

린 충고도 옆집 아주머니의 오지랖에 불과할 뿐이다. 3학년 실습 당시의 담임 선생님은 "그래서 3월이 학급 경영에 있어 매우 중요하다"고 하셨다. 3월 한 달 동안 아이들과 충분한 라포를 형성한다면, 아이들이 교사의 지도를 적극적으로 따르지는 않을지라도 고작 말 한두 마디에 반항심을 내비치지는 않는다. 물론 라포 형성이 교육에서만 통용되는 개념은 아니다. 인간과 인간 사이의 '관계'를 다루는 모든 영역에서 라포는 중요하게 다뤄질 수밖에 없다.

2019년 개봉한 「조커」는 이런 라포 형성의 중요성을 효과적으로 드러낸 작품이다. 주인공 아서 플렉은 지독할 정도로 고독하며 천대받는 인물이다. 정서적으로 매우 불안정한 이 인물이 범죄로 빠져들지 않을 수 있었던 것은 여자친구나 어머니와 충분한 라포를 형성하고 있었기 때문이다. 하지만 여자친구는 자신의 정신병적 망상에 불과했고 어머니는 자신을 속였다는 것을 깨달은 뒤로 그는 '아서 플렉'이 아닌 '조커'로서 계단을 통해 내리막길로 치달을 수밖에 없었다. 그가 느끼는 무관심과 소외는 아서 플렉이라는 한 개인만이 받고 있는 '느낌'이 아니다. 그건 고담이라는 대도시를 숨 막힐 정도로 짓누르고 있는 거대한 분위기다. 그러므로 굳이 아서 플렉이 아니더라도 언젠가는 다른 조커가 나타날 것이다. 클라이맥스에서도 고담시를 불태운 자는 아서 개인이 아니라 수많은 '조커들'이다. 아서 플렉은 그중 제일 먼저 방아쇠를 당했을 뿐이다.

분명 아서에게도 조커로의 타락을 피할 수 있는 순간들이 있었다. 하지만 고담 시민들에게는 누군가에게 관심을 주거나 따뜻하게 대할 정서적 여유가 없었다. 고담시는 심리 상담사마저 담당 환자에게 냉소적이고 무관심할 정도로 사람들의 정신을 짓누르는 도시이다. 그들의 태도는 너무나 냉담했고 때로는 잔인했다. 그렇게 아서는 사람에게 구원받을 기회를 얻지 못했다. 아무도 웃을 수 없을 소재를 가지고 코미디 무대에 올랐을 때, 아서가 원한 건 '아서 플렉'이라는 개인으로써 긍정받는 것뿐이었다. 막무가내로 토마스 웨인을 찾아가서 "아버지로서 한 번만 안아주면 안 되냐"고 절규했을 때, 그에게 정작 필요한 것은 '아버지'가 아니라 누군가의 따뜻한 관심이었다. 영화 속의 인물 중 단 한 명이라도 아서에게 관심을 보이고 긍정적인 라포를 형성했다면 그는 '조커'가 아니라 '아서 플렉'으로 존재할 수 있었을 것이다. 하지만 미디어는 아서를 조롱했고 웃음거리로 만들었으며 엘리트들은 도시의 또 다른 '조커'들을 도덕적으로 비난하며 테러리스트 취급하기에 급급했다.

진보 정치가 대중적으로 실패하고 범세계적인 '반진보', '안티 PC'가 급부상하여 세계를 휩쓸었던 까닭이 여기에 있다. 진보 정치가 대중과 라포를 형성하는 데 실패했기 때문이다. 더 정확히 말하자면, 그 라포를 스스로 끊어 버렸기 때문이다.

대중들의 눈에 진보 정치는 더 이상 정서적인 소속감, 안정감, 보살핌을 제공한다는 느낌을 주지 못한다. 그보다는 대중의 언행을 검열하고 PC주의 율법을 설파하는 데 열심일 뿐이다. 정체성 정치와 PC주의를 신줏단지처럼 떠받든 탓에, 'n개의 정체성'으로 대중을 분열시키고 점점 더 편협한 정체성을 가진 이들에게만 진보 정치의 울타리를 제공한다. 오늘날 이러한 조류에 불만을 표하는 사람들은 간단히 '반동'으로 낙인찍히며 따귀를 맞고 무식하다고 조롱당한다. 결국 수많은 대중이 n개의 정체성으로 갈라진 채 갈등이 넘쳐난다. 그런데 그 분열상을 일으킨 진보 정치인 하나가 투사처럼 일어나 외친다. "우리의 다양성을 받아들이고 인류애로 연대합시다!" 참 꽃밭 속에 사는 인간들이다. 아니, 그걸 넘어서 참 가증스러운 인간들이다.

진보 정치는 대중에게 정서적으로 보살핌받는다는 느

낌을 주는 데 실패했다. 마치 토마스 웨인이나 머레이처럼, 구체적인 목표와 대안을 제시하지도 않는 주제에 도덕적 비난을 일삼는다. 진보주의자들은 입만 열면 자신들이 "여러분의 삶을 책임지고 관심을 주겠다"고 말하지만 과연 진보 정치 운운하는 활동가라는 사람과 정치인들이 진짜 '삶'이 뭔지 이해하고는 있는지도 의문이다. 그리고 이 '대중'들 중에서도 진보 정치로부터 가장 소외된 이들은 아서 플렉처럼 진보 정치로부터 그 어떤 관심도, 애정도, 보살핌도 받지 못한다고 느낀다. 진보 정치는 이들의 정서를 어루만지기보다는 강자/약자의 도식으로 우겨넣고 '강자로서의 정체성'을 꾸짖었다. 결국 이들은 진보 정치에 대한 강렬한 증오심, 배신감을 쏟아내며 세력화했다. 그리고 그 세력은 어느새 전 세계적인 흐름을 형성했고 미국을 중심으로 주류 미디어는 그들을 안티 PC, 혹은 대안 우파(alternative right)라고 부르게 되었다.

정치 세력화한 '반(反)진보' 세력은 그렇게 소외된 이들의 정서적 틈새를 파고들었다. 정체성 정치에 의해 '강자'나 '가해자'로 부당하게 지목받은 탓에 발언의 기회를 잃은 이들(미국의 경우 세계화 이후 일자리를 잃은 백인 노동 계급)의 스피커를 자청했다. 그들의 먹고사는 문제와 직결된 불만을 대신 목청껏 떠들어 주었다. 이뿐만 아니라 그들이 평소 가지고 있던 감정적인 불쾌함을 살살 긁어 주었다. 관심받는다는 '느낌', 신경 써 준다는 '느낌'이 들게 해 주었다. 그렇게 기존 '진보'와 '보수' 모두를 당혹스럽게 한 이 '반(反)진보' 세력은 한 때 좌파의 지지자였던 '별 거 없는' 사람들과 끈끈한 라포를 형성했다. 미국에서는 트럼프가 대안 우파의 등에 업힌 채 대통령으로 당선되었고 전 세계적으로도 기존 진보 정치의 문법에 정면으로 들이받는 반 진보 세력이 크게 약진하고 있다.

대한민국 역시 마찬가지이다. PC주의와 정체성 정치가 진보 진영의 헤게모니를 장악한 뒤, 진보 진영은 대중을 가르치고 검열하는 데 몰두했다. n개의 정체성으로 대중을 분열시킨 뒤 '혐오·차별주의' 딱지 붙이기를 즐겼다. 대중은 '오만한 진보'에 학을 떼고 등을 돌렸다. 최근 몇 년에 걸친 정의당의 탈당 러시(rush)와 지지율 하락은 이러한 현상의 신호탄이다. 이 과정에서 등을 돌린 이들 중 범 진보 진영 전반에 강력한 혐오감을 보이게 된 이들을 혹자는 'K-대안 우파'라고 부를 수도 있겠다. 보수-우파 진영은 이런 진보 진영의 작태에 질린 이들을 주워 담으며 지지세를 불리고 있다. 보수 진영 내부에서 이준석으로 대표되는 젊은 보수와 기성 우파 간의 새로운 세력 다툼이 눈에 띈다고는 해도, 보수 진영이 이 '새로운 반(反) 진보 세력'을 먼저 포섭하는 데 성공했다는 건 확실해 보인다.

혹자는 대안 우파를 비롯한 '반(反)진보'의 언어 자체가 지지자들에게 실질적인 삶의 질과 주머니 사정에 도움이 되지 못하는 자극적 구호로만 가득하다고 반박한다. 엉망진창으로 임기를 끝낸 트럼프의 사례를 보면, 일견 일리 있는 비판이다. 하지만 그 반박 역시 '라포(rapport) 형성'의 중요성을 전혀 짚어내지 못한다는 점에서 불합격이다. 진보가 올바른 언어를 주입식으로 교육하려는 미련, 아니 집착을 단호하게 떨쳐내고 대중과의 '라포'를 회복하지 못하는 이상, 이른바 '대안 우파' 현상에 대한 비판마저 정치적 질투에 그칠 뿐이다.

아이들은 자신과 라포를 형성하지 못한 교사를 신뢰하지 않는다. 마찬가지로 대중은 라포를 형성하지 못하는 정치 집단을 신뢰하지 않는다. 간단명료한 인간관계의 기본이다. 그리고 물질적인 측면과 정서적인 측면 모두에서 다수 대중이 만족할 만큼의 관심과 보살핌을 제공해야 한다. 그것이 진보가 대중과 라포를 회복할 수 있는 유일한 방법이자 첫걸음이 될 것이다.

5. 아이들은 충분히 '예민한' 눈을 갖고 있다

"학교는 사회의 축소판이다."

　청소년은 물론 초등학생들의 갖은 비행과 폭력 사건이 뉴스 사회란을 장식한다. 많은 사람이 '요즘 아이들'을 비난하며 교사들이 요구하지도 않는 체벌 부활을 주장한다. 그러면서도 교사들의 책임감 부족을 운운하며 정작 자신들은 눈곱만큼도 갖지 못한 교육에 대한 헌신과 사명감을 요구한다. 다들 학교에 12년이나 다녀 봐서 그런지 학교와 교사, 학생에 대해서 매우 잘 안다는 착각을 많이들 한다. 무엇보다 학교 교육이 잘못되어서 사회가 잘못됐다는 듯이 말을 한다. 정말 그럴까?

　학교는 사회의 축소판이다. 도시의 디오라마를 수정한다고 해서 도시의 모습이 바뀌던가? 도시의 모습이 바뀌고 나면 디오라마를 수정하는 법이다. 상부 구조의 일부에 지나지 않는 학교는 사회적 하부 구조의 영향력에서 결코 자유로울 수 없다. 학교에서 아이들이 겪는 문제를 해결하고 싶다면, 문제가 비롯된 사회적 영역에서 어른들이 먼저 문제를 해결해야 한다. 물론 성인들의 사회에서 비롯된 병적인 현상이 학교에서도 나타나면, 학교는 그 문제를 바로잡기 위해서 노력할 것이다.

　PC든 안티 PC든 어떤 정치 집단이라도 학교와 교육을 통해 자신이 원하는 방향으로 사회 문제를 손쉽게 해결할 수 있으리라는 착각을 버리길 바란다. 어른씩이나 돼서 사회의 복잡한 문제를 해결하기엔 머리가 아프니 좀 더 만만해 보이는 학교와 아이들에게 짐을 떠넘기려는 얄팍한 속셈일 뿐이다. 자신이 바라는 이념을 학생에게 강제적으로 주입하려는 발상은 툭하면 학교 교육 탓을 해대는 온라인 뉴스의 하릴없는 댓글들과 인식 수준이 다를 바가 없다.

　물론 그렇다고 학교가 지금처럼 '정치적 무균지대'로 존재할 필요까지는 없다. 정치적으로 민감한 주제라도 진지하게 다룰 필요가 있다. 아이들은 어른들의 생각보다 훨씬 예민한 눈으로 사회를 바라보고 있으며, 자신들의 생각을 드러내고자 하는 욕구가 있다. 갈등에 슬기롭게 대처하고 규칙을 합의하는 과정을 경험하기 위해서는 생각의 차이를 드러낼 주제와 기회가 필요하다. 정치적 무균지대에서 그런 차이를 드러내는 교육은 불가능하다. 하지만 학교는 생각하도록 독려하는 곳이지, 생각을 주입하는 곳이 아니다. 예나 지금이나 한 사람의 정치관은 학교에서 받은 교육만으로 형성되지 않는다. 민주화 세대는 유신 교육을 거부하고 민주화를 이끌었다. 촛불 세대는 이명박근혜 10년간의 교육을 거부하고 최순실-정유라 입시 비리를 계기로 탄핵 촛불시위의 선봉에 섰다. 정치 집단이 원하는 대로 대중을 교육하겠다는 발상은 오판을 넘어 오만이다. 정치 집단이 원하는 대로 학생을 교육하겠다는 발상 역시 오만에 불과하다. 역사가 증명하듯이 격렬한 반발과 거부감을 불러일으킬 뿐이다.

　정치적 올바름을 추종하는 이들은 자신이 급식이나 학교에서 도시락을 먹던 시절을 떠올려 보길 바란다. 한때는 당신들도 "학생이라는 죄로 인해, 학교라는 감옥에 갇혀, 교사라는 간수의 감시를 받으며, 교복이라는 죄수복을 입으며" 등등 싸이월드 감성의 어설픈 반항을 즐기지 않았던가? 당신들이 그 시절 교사들의 '주입식 교육'에 반항했듯이 현재의 아이들도 당신의 '주입식 교육'에 반항할 것이다.

　되도록 많은 아이의 얘기를 듣길 바란다. 당신들뿐만 아니라 아이들도 이미 충분히 예민하다는 것을 깨닫길 바란다. 특히 당신들의 생각대로 아이들의 머릿속을 주무를 수 있다는 믿음을 버리길 바란다. 당신들이 원하는 교육이 아이들 보기에 역겨울 수도 있다는 것을 인정하길 바란다. 나는 당신들 때문에 미래 세대가 진보와 좌파를 '무능력 틀딱' 취급하며 혐오하는 세대가 되지 않길 바란다. 🚲

더 읽기

위건 부두로 가는 길

조지 오웰 | (여러 출판사)

불편부당 독자를 위한,
읽어볼 가치가 있고
아주 어렵지 않고
과도하거나 과몰입하지 않은
몇 권의 책들

"세계에서 모든 극우 파시즘이 약진한다면 그건 우선 사회주의자의 잘못이다." 조지 오웰은 파시즘과 직접 '맞짱'을 뜬 신념형 사회주의자이면서도 사회주의자의 자기반성을 촉구한 인물이기도 하다. 오웰은 하층 노동계급과 직접 부대끼며 살았기에 누구보다 엘리트 계층에 의해 사회주의 이념이 변질될 가능성을 경계했다.

이 책의 후반부에 실린 정치 평론은 「동물농장」이나 「1984」보다 더 직설적으로 진보주의자의 오만과 선민의식을 고발한다. 과거에도 채식주의나 요가 등이 마치 '진보적'인 라이프 스타일인 양 유행했는데 이것이 얼마나 대중의 현실과 유리된 허위의식인지를 고발하는 내용이 압권이다.

더 나은 진보를 상상하라

마크 릴라 | 필로소픽

공정하지 않다

조윤호 · 박가분 | 지와인

피해자다움이란 무엇인가

최성호 | 필로소픽

마크 릴라는 민주당 지지자이기도 하지만 '난파된 정신'(필로소픽) 등의 저서로 알려진 탁월한 인문학자이자 정치철학자이다.

이 책의 핵심 내용은 정체성 정치가 미국 민주당은 물론이고 대학교육을 망쳐놓고 있다는 것이다. 과거 소수자의 투쟁은 보편적 시민권에 대한 옹호 속에서 스스로를 자리매김했다. 그러나 지금은 SNS 등을 경유해 각자의 협소한 자기주장에 빠진 채 이분법적 선악 구도가 판을 치고 있다.

정체성 정치의 폭주를 통제하지 못한 결과, '금기가 논쟁을 대체'해버렸다 특정 주제들에 대해서 발언할 권리는 오직 승인된 정체성 정치를 가진 샤먼 같은 자들에게만 허용된다.

청년들에겐 희망이 필요하다. 세습자본주의에 의한 불공정에서 벗어날 날에 대한 희망이. 하지만 그날이 언제 올지는 아무도 예측할 수 없다. 대다수 진보좌파들은 희망의 날에 대해서는 소리높여 부르짖었지만, 그날이 오기까지 무슨 일을 해야 할지는 제시하지 못했다. 이 책은 청년들이 일상에서 좌절하지 않고 해야 할 일들을 제시한다. 누가 더 피해자인지 경쟁하지 않기, 잘못하지 않은 일에 사과하지 않기 등. 일상에서 실천할 수 있는 일들을 하며 미래를 도모해야 한다. 기쁨의 날은 원래 도둑처럼 오는 법이다. 희망이 필요한 청년들에게, 그리고 청년들을 이해하고자 하는 기성세대들에게 이 책은 좋은 길잡이가 되어줄 것이다.

'피해자다움'. 우리 사회는 성범죄 피해자에게 그릇된 스테레오타입을 요구하여 잘못된 판결을 한 과오가 존재한다. 피해자에게 평소 옷차림을 지적하거나 적극적으로 반항하지 않았다는 이유로 피해를 인정하지 않는 등. 이러한 과오는 사회의 인식이 변하면서 점차 사라지고 있다.

하지만 반대로 '피해자다움'의 완전한 배제는 가능한 것일까? 여성주의 진영은 피해자다움을 요구하는 것 자체가 성범죄 피해자에 대한 '2차 가해'라고 주장한다. 그렇다면 피해자에게 증거를 요구하는 것은? 범행 시점 이후 피해자와 가해자의 관계를 살피는 것은? 이와 같은 과정을 '피해자다움을 요구하는 행위'라는 이유로 배제해 버린다면 정상적인 재판은 불가능할 것이다.

페미니즘인가 여성해방인가
사회주의에서 답을 찾다

김민재 · 이지완 · 황정규 | 해방

성폭력 2차가해와
피해자중심주의 논쟁

최미진 | 책갈피

힘 있는 여성

스베냐 플라스펠러 | 나무생각

알렉산드라 콜론타이, 클라라 체트킨, 로자 룩셈부르크와 같은 여성 사회주의자들은 페미니즘을 노동자들의 연합을 해치는 부르주아적 운동으로 보았다. 이 책의 저자들도 자신들을 '(사회주의) 페미니스트'로 분류하길 거부하며 대신 '여성해방'을 말한다. 책의 전반부에서는 페미니즘 진영이 주장하는 가부장제, 상호교차성, 계급을 초월한 남성연대, 그리고 정체성 정치 개념에 대해서 비판한다. 저자들은 이러한 개념이 계급적 차별을 어떻게 은폐할 수 있는지 설명한다. 책의 후반부는 「페미니즘의 도전」, 「여성 혐오를 혐오한다」와 같은 페미니즘 베스트셀러들을 비판한다. 역시 진보진영에서 흔히 보기 힘든 신선한 관점이다.

이 책은 '2차 가해'와 '피해자 중심주의'라는 두 개념이 우리 사회에서 어떻게 오남용돼왔는지 밝힌다. 서정범 교수 사건부터 서울대학교 성폭력 대책위 사건까지. 2차 가해와 피해자 중심주의는 사건의 본질을 흐리는 장애물로 작용했다. 여성주의자들이 피해자 보호의 미명하에 개념의 의미를 무한정 확장시켰기 때문이다. 물론 여성주의 진영에도 이에 대한 반성이 존재했고, 보완을 위한 시도가 없지는 않았다. 그러나 오늘날까지 별다른 성과는 보이지 않는다. 저자는 불명확한 '2차 가해' 개념 대신 구체적인 표현을 통해 책임을 물으면 될 일이고, '피해자 중심주의'는 피해자 주장의 무조건적 두둔이 아니라, 판결 이후 피해자의 온전한 회복에 초점을 맞추는 개념으로 사용되어야 한다고 말한다.

미투 운동이 한창일 때 나온 책. 저자는 인터넷을 통해 퍼지는 페미니즘 운동을 '해시태그 페미니즘'이라고 명명한다. 해시태그 페미니즘은 여성을 유아와 동일시하며, 욕망의 주체가 아닌 피해자로 규정하고, 무죄 추정의 원칙이 아닌 여론에 휩쓸리며, 국가에는 많은 것을 바라지만 정작 여성에게는 아무것도 바라지 않는다. 프로이트는 남성에 대비하여 여성을 소극적이고 수동적인 존재로 규정했다. 반면에 주디스 버틀러는 여성과 남성에 대한 모든 구분과 규정을 해체했다. 프로이트와 버틀러 사이에서 저자는 차이를 긍정하면서도 화합을 도모하는 '제3의 길'을 제안한다.

페미니즘 주변에서 중심으로

벨 훅스 | 모티브북

잘못된 길

엘리자베트 바댕테르 | 필로소픽

나쁜 교육

조너선 하이트·그레그 루카아노프
| 프시케의 숲

원래 영어 제목을 직역하면 '모두를 위한 페미니즘'인 이 책은 메갈리아에 반발하는 이들에게 '당신도 페미니즘을 공부하라'는 의미로 인용되었다.

그러나 정작 흑인 페미니스트 벨 훅스는 남성 일반 모두를 지배계급으로 두고 세상을 남성의 지배와 여성의 피지배 구도로 설정하는 메갈리아=워마드식 페미니즘을 비판했던 사람이다. 그는 백인 부르주아 여성들이 유색인 하층 남성보다는 많은 것을 누리고 살았으면서도 그걸 인정하지 않는다고 비판한다.

벨 훅스를 인용하는 사람은 많지만 대부분 간과하는 사항이다. 페미니즘이 이런 건강한 상식 견지했다면 청년 사이에서 지금보다 더 많은 지지를 얻지 않았을까.

프랑스의 저명한 여성학자 엘리자베트 바댕테르의 그리 길지 않은 저서. 2005년 국내에 번역된 바 있으나 2020년에 다시 필로소픽 출판사에서 재출간되었다. '1990년대 이후 래디컬 페미니즘 운동에 대한 비판적 성찰'이라는 부제를 달았지만 사실 2020년대에도 유효한 내용이다.

저자는 미국발 페미니즘이 남성을 지배적이고 공격적인 존재로, 여성을 순수하고 무력한 희생자로 묘사하는 이분법적 대립 구도를 조장한다고 비판한다. 그는 그러한 페미니즘을 '잘못된 길'이라고 부르며 단호하게 선을 긋는다.

여성의 공포심을 극대화하려고 통계자료를 부풀려 왜곡하는 여성계 관행을 조목조목 비판하는 대목이 인상적이다. 한국도 다르지 않기 때문이다.

저명한 심리학자인 조너선 하이트가 변호사 그레그 루카아노프와 함께 미국의 대학 풍경에 대해 묘사하는 책을 집필했다. 최근 미국의 대학교에서는 학생들이 교수의 발언을 문제삼아 시위하고, 징계를 받게 만드는 일이 잦아졌다. 문제는 이 학생들에게 '선의의 원칙'이 결여돼있다는 것이다. 대학생들은 상대방의 발언을 최대한 선의로 해석하지 않고 상대방을 어떻게든 인종차별주의자 혹은 성차별주의자로 만드는데 혈안이 되어 있었다.

저자들은 이러한 사태에 대해서 다양한 진단을 내놓는다. 진보진영과 보수진영의 공통점 상실, 스마트폰을 끼고 자란 'i세대'의 출현, 편집증적 양육 방식과 안전주의의 대두 등. 그중 원인으로 꼽히는 한 가지는 '정체성 정치'이다.

엘리트가 버린 사람들

데이비드 굿하트 | 원더박스

정치적 부족주의

에이미 추아 | 부키

나와 타자들

이졸데 카림 | 민음사

트럼프의 당선 이후 더욱 화제가 된 책 '엘리트가 버린 사람들'은 영국 브렉시트를 기점으로 과거의 좌파/우파 도식으로 회수할 수 없는 애니웨어(정치적 올바름 이슈에 민감하게 반응하고 코스모폴리턴 성향을 띤 고학력자 전문직)와 섬웨어(전통적 가치관에 충실하고 지역사회에 대한 애착을 품고 세계화를 우려하는 저학력 노동계급) 사이의 균열이 확대되고 있다고 진단한다.

노동당 지지자인 저자는 이러한 균열이 우파보다 노동당 같은 좌파 정당에 더 불리하게 작용한다고 우려한다. 노동당 내에서 가장 목소리가 큰 고학력 애니웨어 활동가들이 전통적 지지층이었던 섬웨어의 목소리를 짓누르고 있다. 이는 노동계급이 다른 포퓰리즘 정당으로 이반하는 사태를 불러왔다.

2020년 대선에서 트럼프가 낙선했지만, 그는 2016년 대선보다 많은 표를 얻었다. 전체적 득표 분포를 봐도 4년 전이나 지금이나 미국의 정치 지형은 바뀌지 않았음을 알 수 있다. 가난한 농촌 지역 주민과 러스트벨트 노동자 다수가 트럼프에 표를 던졌다. 이들은 한때 미국 진보 정치의 중요한 축을 담당했지만, 지금은 미국 주류사회로부터 무시당했다고 생각하며 열패감에 휩싸여 있다.

저자는 미국 정치를 망치는 원흉으로 좌파와 우파의 부족주의를 지목한다. 그리고 이 둘이 적대적 공모관계에 있다고 진단한다. 그런 점에서 미 대선 결과를 보고 "아직도 트럼프 지지자가 많다니"라고 외치는 사람들이 탄식해야 할 지점은 따로 있다. "아직도 좌파가 정체성 정치에서 한 발짝도 벗어나지 못했다니!"

정체성 정치는 그 자체로 모순적인 면이 있어 이에 대한 비판에도 여러 갈래가 있다. 조던 피터슨 같은 우파는 정체성 정치를 충분히 개인주의적이지 못하다고 비판하는 한편 마크 릴라 같은 좌파는 이를 개인주의의 과잉으로 비판한다. 양자를 절충하는 시각은 없을까? 어떻게 우리는 온전한 개인으로 바로 서고 공동의 세계에 참여할 수 있을까?

이졸데 카림은 개인주의를 하나로 보지 않고 1, 2, 3세대로 나누어 분석한다. 이 중 3세대 개인주의는 민족, 정당, 계급의 틀로 담을 수 없는 '다원성'을 특징으로 한다. 다원주의의 시대 속에서 정체성 혼란을 극복할 손쉬운 해결책은 없다. 그렇기에 특정 정체성에 의해 포획되지 않은 공론장의 확립이 중요하다.

단단한 개인

이선옥 | 필로소픽

공정하다는 착각

마이클 샌델 | 와이즈베리

증거 없는 재판

알렉산더 스티븐스 | 바다출판사

이선옥 작가의 사유에는 '단단함'이 느껴진다. 막무가내 진영논리와 가짜뉴스 그리고 증오선동이 진영을 막론하고 폭주하는 시대 속에서 어떻게 제정신을 유지할 수 있을까. 중요한 것은 잣대의 일관성, 보편적 시민권에 대한 존중, 동료 시민에 대한 선의라고 작가는 말한다. 저자는 '약자이기 때문에, 우리 편이기 때문에 절대적으로 선하다'는 사고가 남긴 사회적 상흔과 시민윤리의 붕괴를 냉정하게 들여다본다.

얼마 전 숙명여대에 입학하려던 트랜스젠더 학생이 '잠재적 가해자인 남성을 캠퍼스에 들일 수 없다'는 영페미의 집단 괴롭힘을 받고 입학을 포기했다. 괴롭힘의 가해자들은 '단단한 개인'의 정반대 사례 아닐까.

화제의 책인 만큼 게으른 인용과 오독이 난무한 책이므로 주의 요망. 샌델이 비판하는 '능력주의'의 정체는 진보적인 체하는 엘리트들의 '오만'이다.

이 책에서 눈여겨봐야 할 부분은 미국 사회의 '트럼피즘' 부상이 대중의 정당한 분노를 동원한 현상이라고 지적하는 대목이다. 특히 샌델은 엘리트의 오만한 태도가 하층계급 백인 노동자에 대한 멸시로 이어져 트럼프 신드롬에 복무했다고 진단한다.

이들을 도덕적, 문화적 계도 대상으로 간주한 채 사회적 주체로 존중하지 않는다면, 아무리 '불평등 해소'를 외친들 그 말이 씨알도 먹힐 리 없다.

독일에서 변호사로 활동 중인 저자는 풍부한 사례와 재치있는 글솜씨로 '자유심증주의' 아래의 판결이 어떻게 이루어지는지, 그리고 그 한계가 무엇인지 적나라하게 보여준다.

저자에 따르면 판사들은 지나치게 본인의 판단을 신뢰하는 경향이 있다. 독일이나 한국이나 사법부 엘리트들이 대중들보다 나은 점이 없는 듯하다.

결론에서 저자는 말한다. 증거 없이 진술만으로 정확하게 판결하기는 불가능하며, 현재 재판정에서 이루어지고 있는 판결은 마치 '주사위 던지기' 같다고. 무죄 추정의 원칙이 흐려지고, 피해자의 말을 무비판적으로 받아들이는 분위기가 주류가 된 오늘날 언론과 법조계가 반드시 명심해야 할 금언이다.

대안 매거진북
불편부당
제 1 호

발행일 2022년 3월 15일

책임편집 박가분
편집위원 김보현, 박세환, Siempre
기획 원후덕
일러스트 박정현
디자인 군만두

발행인 박관형
발행처 ㅁㅅㄴ
등록번호 251002015000009

값 15,000원
ISBN 979-11-87939-68-9 03340

구입·문의
영업부 02 6447 9017
FAX 02 6447 9009
편집위원회 bpbd@msnp.kr
http://bpbd.kr